増補新版

地方議会議員生態白書

地方政治の裏表

ふくおひろし

インパクト出版会

はじめに

異色・異能の議員と言われた七期・二十八年の議会活動に幕を下ろしたのが一九九九年の四月。周囲から市民運動や議会改革に情熱を燃やす議員や議員予備軍の参考のためにと出版することを勧められ、それまで発行してきた「議会通信」に加筆・整理してまとめたのが本書で、現在進行型となっているのはそのためである。

わたしが書いてきた「議会通信」は問題の多い議員の言動を実名で批判する方針を貫いてきたため別名〝紙爆弾〟と言われて恐れられ、忌み嫌われてきたが、どの政党も議員の質は玉石混交のため、その政党総体を批判するより個々の議員の言動を具体的に批判するほうが正確であると考えられることと、そうすることが政党・会派に対する一応の配慮になっていることを含め、読み手に正確に受け止められたいと思ってきたからである。

わたしが議員活動をしていた武蔵村山市は東京都の内にありながら、いまだに、残念ながら、市の職員や議員でさえも議会での厳しい質疑・質問を「いじめ」と言い、活字での批判・論争を「悪口」としか受け止めない。民主主義が根付いていないのは全国どこも同じだと割り切ってはいるが、議員も有権者も「議員は名誉職で賛成要員」程度にしか思っていないようでは「真の地方の時代」はほど遠い。

常々、「政治不信を払拭するには政党も、政治家も、有権者も変わらなければならない」と訴えてきた。有権者の貰いぐせ、たかりぐせと同時に、特定な団体・個人の利益のために働くことが仕事と勘違いし、行政をねじまげている議員の姿勢の悪さも改めさせなければならない。長い間の戦いで議会の改革には一定の成果を挙げることができたと自負しているが、古くから「有権者はその質に見合った議会（議員）しかもてない」とのことわざがある通り、議員の質は議会改革の埒外のところに置かれているのが現状である。

各地の市民運動の多くが、抱えている問題がすべて政治と直結しているにもかかわらず、政治から距離を置く姿勢が目立っていたが、何千、何万の署名簿付きの請願・陳情が議会で問答無用とばかりに一瞬で否決（不採択）になるのを目にして初めて、怒りに燃えて選挙に関わる例が見られるようになってきたのは良い傾向である。もっとも一人の市民派が議会に出たところで一挙になんでも変わるものではないし、「悪しき慣例」を変えようと行動したときには既成政党・会派の猛反発を買い、時としていじめに遭うが、主張しないところからは何も変わるものではないとの思いで書いたものである。

目次

目　次

増補新版・

地方議会議員生態白書

地方政治の裏表

第一章　改革は足元から

無駄な視察は封じ込め

何事によらず改革案に反対するには勇気が要る。その心理に付け込んで改革に成功した一例が議会運営委員会の視察の中止である。

議会の確認事項に視察に関する一項目の追加を提案したところ「嫌だよ」という言葉を探しあぐね、全員が押し黙って苦悶の表情を浮かべるが、表立って反対の声もなかったので「申し合わせ事項」に追加され、安易な視察が事実上不可能になり、やがて予算にも載らなくなったのだから、まさしくしてやったり。この作戦には最初からの合意は困難と判断し、外堀から埋めるテクニックを使った。

「わが市議会は極めて民主的に運営されており、これを上回る参考となる議会は見当たらない。昨年と本年の視察地は『政治倫理』とそれに類する『議会改革』が主なものだったが、視察候補地の選定経過に見られるように、適当な対象地が乏しい。そのため、予算消化のための視察と受け取られる恐れもあり、市民の批判を招きかねない。そのうえ、予算計上は慣例的になりやすいので、ここで一旦中止し、必要が生じたときは補正予算で対応すべきものと考える。」

わたしがずばりと提案した。公費で行ける「視察旅行」の機会が減る提案には一人も賛成はない。そこで、準備してあった次善の策を出した。

「議会運営委員会の設置の特殊性から、委員会の視察に当たっては、先進地の実情を十分に調査のうえ、具体的な視察項目を定めて実施の可否を決定することとし、いやしくも予算消化のための行動との批判を招かないように留意することとの一項目を確認事項に加えていただきたい。」

これでまんまと確認事項に追加となった。だが、自分たちで厳しい条件を確認したのに、大多数の議員が「視察旅行」に行きたくてたまらない。「どこかに連れてってください」「どこかに旅行を設定してください。任せますから」と言い寄ってくる。そのたびに「具体的に提案してください」と突き放す。この繰り返しでその年は視察には行けなかったので予算が全額残った。そして翌年四月に市議会議員選挙があり、その最初の議会運営委員会でも早速「視察をどこかに設定して……」との声があがる。それに返事もしないまま、たまたま市長の資産公開条例が提出されるので議員の資産公開も検討したいと提案すると、新人議員（民主系）が「まだどこもやっていないのに、先走ってやることはない」と、およそ新鮮さが感じられない理由で反対した。賛成の意見が一つもない中で社民党の議員から「議員の資産公開はやらないが、それをテーマに議会運営委員会の視察を設定してほしい」と乱暴な提案。窓越しに遠くの空を眺めるふりをして完全無視で黙っていた。

その年、山形県酒田市の議会運営委員会一行がわが市議会の視察に見えた後「酒田市議会に行きませんか」と言った議員がいた。「何をテーマに」と問うと「酒田市がうちの市議会を視察した成果を勉強してくるため」と言った。冗談だと思ったが、反論する気も失せた。

予算に組んだ金は「全額使わねば損」と思っているのはこの国の役人と議員だけだ。少し経って議長が、「二、三の会派に頼まれたんだが、新人もいるので、どこかに視察旅行に連れてってくれと言うんだが……。どこでも良いと言ってるんで」と言う。「具体案もなく、俺になんとかしろと言われても困るね」と追い返した。まるで、わたしが視察の邪魔をしていると思われている。無駄遣いを防ぐために作った全会派の確認事項をすぐに骨抜きにしようというのはいただけないので一人で抵抗していたところ、この年度の視察旅費も前年同様に全額残ったのは一応の成果というもので、この年を境にして議会運営委員会の視察旅費は予算書から消えていった。ただし、わたしが議会にいなくなった後のことは想像に難くないのが情けない。

公費で観光旅行も可能

議会運営委員会の視察計画の設定には一定の歯止めが掛かったが、同様な仕掛けが難しいのが常任委員会の視察である。どこの市議会の視察の実態も同じように項目設定が抽象的だから、目的が全く不純なものでも、表面はもっともらしく設定するので不純な部分は隠されている。だから、事実上の観光旅行も可能となる。

これは観光目的の視察計画を設定させた、ベテラン議員のわがままである。

建設委員会の視察の打ち合わせが耳に入った。ベテラン議員がだれはばかることのない大声で「瀬戸大橋を見に行こう」と言い、数人が「そうだ、そうしよう。後は正副委員長に一任」と相槌を打っている。この一任とは、瀬戸大橋見物ができるように視察のテーマを設定してほしい、との意味である。

数日後の本会議に配付された建設委員会の派遣承認を求める文書には、瀬戸大橋を挟む四国側の市と本州側の市の調査項目が載っていた。まさか、瀬戸大橋見物とは載せられないが、くだんのベテラン議員の希望通りに、確実に大橋見物が可能になっている。

正式に設定された視察項目で真面目に研修する人もいるのだから、視察費用が全額無駄に使われているわけではないが、一部の議員はあこがれの瀬戸大橋見物を公費で行ったのは事実である。視察の成果は参加する者の意識次第で議員活動の参考になることもあれば、観光旅行にもなるという一例である。

保守系〃隠れ自民〃の新人で「委員会視察は九割がた慰安旅行でもいい」と平気で口にした人がいた。後に数十億円の借財を残して蒸発した人だから、まれな精神構造の人かもしれないが、同じ保守系〃隠れ自民〃で「議会の慰安旅行に行ってくる」と家族に言い残して出掛け、職員をたまげさせた豪の者もいた。

視察先では先方の議会事務局の職員に必ず魚市場の有無を聞き、あればあったで「買い物の時間がなくなる」と先方で用意した施設見学のコースを強引に変更させたりカットさせる比留間市郎という保守系議員がいる。そのたびにそれとなく先方の職員に「せっかくの予定を変えていただいて恐縮です」とわたしが言い訳しているが、「いえいえ、市場でたくさんお金を落としていただけるのですから……」と社交的な言葉でかばってくれるところを見ると、案外この手の輩は多いのかもしれない。この比留間市郎議員の視察目的は「買い物なのだろう」とは、このまちでは有名な話である。

わが市の保守系議員は買い物好きが多く、数十万円単位で買い物をして宅急便で自宅に送り、奥さんに近所に配らせている。物を配るのは選挙違反になると教えても、だれ一人として気にするのはいない。

管理職の慰安旅行

議会の委員会視察にはいつのころからか市長部局の管理職が二人ずつ同行していた。随行の議会事務局職員と同じような感覚でいるし、委員と同席では遠慮から視察先で質問もしにくいのではないかと想像し、職員が議員と異なる視点で勉強するのであれば、むしろ議員と同行しないほうが成果が上がると見ていたので、「複命書はどうしているのか」と質したところ「議員さんの視察報告書をそのまま使わせていただいています」との答弁が返ってきて、ぶったまげたことがあった。

委員会視察には一応は形だけでも視察項目を設定してあるが、その項目と全然関係のない部局の職員にとっては即効的な効果は期待できないのに、と考えるのはわたしだけのようだった。

視察の時期は秋ごろに設定され、大抵は十月に行っていた。もうすぐ定年退職と聞いていた部長職が同行していたので、「貴方はせっかく勉強しても、来年の三月に退職するのでは成果を上げる機会がないのに、なぜ参加したんですか」と率直に聞いてみた。

「はあ、もうすぐ退職する職員に、『最後だから行ってきなさいよ』と順繰りに出すのが慣例になっていますので……」

あまり平気でこんなことを言われると二の句がつけなくなる。それっきり黙っていたが、参加する管理職もその上司も、議会の委員会視察を問わず語りのうちに慰安旅行と考えているようだ。議会側がなめられているのか、どっちもどっちの親方日の丸体質なのか？　困ったものである。ある時、決算委員会を前にして全職員の管外視察の出張複命書の提出を求めてチェックしてみたところ、不気味に感じたのか、あるいは改めて経費の節減を計ったのか定かではないが、議会の委員会視察の管理職の同行は廃止となった。まさか、「ふくお議員のせいで慰安旅行の機会が一つ減ってしまった」などと管理職に恨まれてもいないと思うが……。

公金がポケットに

委員会の視察後に余った旅費（公金）が個人に配分される経験は市議会議員ならだれもが身に覚えのあることで、この魔術？　の根拠は条例にある。

代表者会議で「視察旅費を実費主義に改めたい」と持ち出したのは、自ら経験してきた視察旅費精算の実態を踏まえてのことだったが、こうなると、議員の個性と育ち方の違いが思わぬ形で表面に出てくるので、浅ましくもあり実におもしろいものだった。まるで、だだっ子の世界である。「実費精算ですか？　ああ、せっかくグリーン車に乗らずにやりくりして金を浮かせているのに……」とぼやいたのは社会党の議員だった。視察先での豪快な買い物で有名な〝隠れ自民〟会派の代表は「実費精算ならグリーン車に乗らなきゃ損だな」とつぶやいた。人間が子供のように正直なのかもしれないが、これでも会派代表である。この人達の発想には公金を少しでも節約し、なおかつ視察の効果をあげようとの考えはない。人間の性癖は様々だと分かってはいても、その表情を見ていると同業の者として情けなくなってくる。

視察旅費の支出の根拠は条例で定められていて、一定の距離を越えグリーン車のある場合はその料金が加算され、グリーン車の利用の有無に関係なく支給されるので、普通車の座席指定を使うとその差額が浮く。宿泊費は定額で一万五千円支給されるが、一万円前後で朝食つきのホテルに泊まるので、ここでも差額が生じている。航空運賃は今では割引きが少なくなったが、往復割引きや団体割引きの差額があった。そのほかに一日二千円の日当が支給されるが、昼食はどこでも視察先の市役所で用意してくれるので持ち出しはない。夜の食事は呉越同舟で職員も一緒に会食することが多いが、この費用は事前に個人個人から徴収して完全な均等割りで精算するので公費から支出することはない。

帰ってから個々の議員に旅費が精算されるが、二泊三日の視察で一人当たり二万円から三万円の差額が返還されている。このように一旦支給を受けた旅費（公金）の一部が個人の懐に入るというおかしなことになっているのが自治体議会の視察の実態で、釈然としないが、これでも合法ということである。

東京都の監査委員が海外視察の際に航空運賃を六十万円ほど浮かせてポケットに入れ、都民から監査請求を突きつけられた揚げ句に詐欺容疑で告発されていたようだが、税金の使い方を監査する立場にありながら、疑問の一つも抱かなかったというのなら情けない。分かっていてポケットに入れていたのなら悪質である。

多数の会派が現状維持を望んでも、経費節減の提案には反対しにくいので、わたしの提案は確認されたが、宿泊費だけは条例の一万五千円の定額支給を続けている。これは、「実費支給なら、最高級のホテルか郊外の温泉旅館に泊まろうや」との声が議員の口から必ず出てくるからである。議員の質と心理はどこでもこの程度（低度）なのである。税金の使途をチェックするのが議員の大切な仕事の一つであるが、特権意識に凝り固まった議員族が身の回りの経費節減を口にするのは皆無に近いのはいずこも同じである。

しかし、たったこれだけの改革でも、節約できた予算は議会関係だけでは約五十万円くらいだが、議会が先鞭を切った実費精算方式が役所全体の方針となったのは当然で、今では近隣市にも影響を与え、経費節減に大きな効果を挙げている。

過保護が自立の妨げ

わが市議会では海外視察は行っていない。「国際化の時代だから、計画したらどうか」との声が公明党からあったが、わたしが反対してきた。だが、当選回数の多い順番に交替で海外視察に送り出しているのが多くの地方議会の実態である。具体的なテーマを掲げ、勉強を目的に出かける例もあるのだろうが、視察項目だけを見ると、抽象的なものが多く見受けられる。視察に出掛けた際に見聞を広げてくることは許容されるが、ただそれだけでは税金の無駄使いというものである。

国内での常任委員会の視察も慣習化していると言っても言い過ぎではない。その市に類似した市の施策などは近隣自治体で幾らでも参考になるが、近いところの希望を出すと確実に反対される。「近いところでは予算が残るのでもったいない」と口走ったベテランの公明党議員がいた。近くで視察を実施して効果を得られるのは結構なことだと思うが、議員族の発想は少しばかり違うようである。一方、住民の方も議員の余録と思っているのか、怒りの声が出ることはない。

視察の成果はいろいろあるが、多くの場合、視察に随行した職員が報告書を書かされている。武蔵村山市議会も報告書の原案を正副委員長に一任し、出来上がった段階で委員全員が目を通してOKとなるのだが、実際は職員が書いているものをそのまま追認している。職員に苦労させていて言いたくはないが、こうした過保護が議員の自立の妨げになっているのである。

議員野球に日当支給も

全国各地で議長会主催の議員の野球大会が行われているが、青森県で数年間にわたって大会が中止に追い込まれたことがあった。参加議員を公務扱いとして費用弁償を支給していたことが地方紙に暴露され、住民の厳しい批判にさらされたのがそのきっかけだった。野球が公務扱いだなんて、同業の立場から見てもお笑いである。

議長会主催だからと屁理屈をつけたところで、親善野球は公務ではない。東京二七市の議長会主催の大会に公費を支出している例は皆無のはずだ。わが市議会は全員から月額千円の会費を徴収し、大会参加費用と用具の購入に充てたり、審判の謝礼、相手チームとの懇親の昼食代に支出する。怪我に備えて障害保険にも入っている。勝ち進んでいったときは会費に不足を生ずるので臨時徴収で間に合わせているが、近年の成績ではその心配もないようである。議員野球の手伝いに出ている議会事務局の職員は休暇を取ってつき合っている。

そもそも、議員の公務とは何かということを議員と議会事務局職員が正しく把握していないところでは、えてして議員の多数意見が〝正論〟となり、そこから間違いが生じやすくなる。

議員の公務災害は基準が厳格に規定されていて、親善野球大会で怪我をしても保証の対象にはならない。

本会議や会期中の委員会に出席するために途中で交通事故にあった場合は公務と認定されるが、法律上の根拠のない全員協議会や委員会協議会に出たところで、その会議中や途中で災害にあっても何の保証もないのはこれまた当然なのである。

議長会主催を唯一の根拠として、親善野球大会を公務と認定し旅費や日当を支給するなど、特権意識丸出しで、同じ目で見られるのなら迷惑な話である。

慶弔は会費制でも違法

議員の慶弔に議会交際費から支出していた時代があった。本来は対外的なおつき合いに支出するはずの議会交際費から議員の慶弔に交付するのは好ましいことではないとして、それを改め、月額千円ずつの会費を徴収して積み立て、基準を詳細に設定し、必要が生じたときにはこの中から支出することに変えていたのだが、公職選挙法の改正でそれができなくなり、また、逆戻りしてしまった。

公職選挙法の改正時にそれまでの「積立金方式」で問題が生じないか、市の選挙管理委員会を通じて東京都の選挙管理委員会に照会させたところ、「全議員の積立金であっても、特定の議員の慶弔に支出するのは不適法である」との判断が示されたことによるのだが、なんとも割り切れない気持ちである。

機会があるたびに他の市議会の現状把握に努めているが、多くが「積立金方式」のままである。わが市議会は少々正直にやり過ぎたのかもしれない。

市民の目が怖い報酬アップ

報酬審議会が特別職の給料・報酬のアップ額を入札で決定して答申したとの情報に接し、単刀直

入に取り上げて質問してみたが、なんと、いともあっさりと総務部長は、

「その通りです。他の市では聞いたことがありません。」

本会議場が失笑に包まれた。

事前に入手した審議会の議事録を見ても議論らしきものは何も行われていない。最初から、「据え置き」と一言だけの委員もいる。資料の説明があり、後は「正副会長に一任」となるのがお定まりのコースで、職員が前回の答申を参考にして答申文を書いている。

大都営団地の連合自治会長が報酬審議委員に委嘱されるのはいつものことだったが、歴代の連合自治会長で委員会審議でアップに賛成した人はいなかった。何かの申し送りでもあるのかと思っていたのだが、たまたま顔を合わせたある時の委員が「報酬を高くすると、それを当てにして、議員を職業にする人が出てくるのは好ましくない」ときた。この人は共産党員と聞いていただけにびっくりした。他に職業を持たずに議員活動に専念しているわたしの立場が否定されているようで、気持ちの良い話ではなかった。

団地の代表として出ている委員がそんな姿勢でいるのだから、その大団地から出ている議員の多くはこのわたしを除き、報酬アップ案にはいつもびくびくしていたものである。

報酬アップ案が議題になる前の議会運営委員会で当該団地に居住の社会党と公明党議員から「市民感情があるから、簡易表決でやってもらいたい」との希望が出た。簡易表決とは議長が「ご異議ございませんか」と採決する方法で、だれもが挙手をしなくても「ご異議なしと認めます」の宣告で可決する方法である。

「僕は賛成討論をやるのだから、簡易表決は反対だ。市民の目が気になって賛成しにくい人は反対すればいいいじゃないですか。」

この一言でケリがつく。もともと金持ちばかりの保守系の議員は「社会党や公明党が市民の目が怖いと言うのなら、われわれは反対して否決してもいいよ」とからかう。議員活動に自信のない人に限って、おかしな〝市民感情〟とやらに迎合するのだからおもしろい。

わたしは議員は常勤的な職業で片手間にやれる仕事ではないと思っているから、任期中は他の職業を兼ねない方針である。また、一定の報酬で生活と活動の保障を受けられるべきであると考えていることから、アップ案には毎回、堂々と賛成している。議員の諸活動で一番重要なことは、行政を監視し、チェックするという任務をどれだけ果たしているかということで、自分は一定程度の責任を果たし、市民に還元していると自負しているからである。市政施行以来、報酬アップ案の討論でわたしがこの持論を展開して賛成討論を行ったほかに賛否の討論はない。

事前審議はヤミ政治

わが市議会は議案の事前審議に当たる全員協議会は行わない。理由は説明するまでもなく、非公式な会議は「市民不在のなれ合いのヤミ政治」になるからである。市の幹部もその事情を承知しているのだが、当選したばかりの若い志志田浩太郎市長は議会との関係を理解できていないのか？まさか議会とのなれ合いを期待したとは思わないが、議会側に予算説明のための全員協議会の開催を打診してきたが、議会側が断ったため、定例議会の直前に対象も明確にしない異例な形で説明会を招集したのである。

市長が議員を集めることができるのは地方自治法に規定のある議会の招集権だけだ。ところが、市長が唐突に行った予算説明会に過半数の議員が欠席したのを非難し、「熱のこもった質問や意見が相次ぎ」と、新人の天目石要一郎議員（新党さきがけ、後に民主党）がレポートに書いてばら撒いた。自らの無知とルール無視の姿勢をさらけ出したものだから無視していても良いのだが、ルールを知らない心得違いの行為なので、代表者会議を通して公式に注意を促した。

市長名で通知がきたからといって、天目石議員のように尻尾を振って出掛けて行く必要はない。ルールを尊重し多くの議員がボイコットしたのは一つの見識である。直後の三月議会には予算特別委員会が設置され、四日間の予定で時間も回数も無制限に質疑ができるし、日程が不足する場合はさらに延長する。過去に質疑が打ち切られたことは一度もなく、発言は完璧に保証されているのだから、その場で十分に審査に当たればいいことである。

市議会には多くの先輩が改革してきた歴史と約束事があり、情報公開も議会運営も他の議会と比較して格段に進んでいるのはその成果である。良き先例は尊重する必要がある。それを無視して事前審議に応じ、出席しなかった他の議員を批判する天目石議員の的外れな言動は、「やがて墓穴につながる」と〝紙爆弾〟で警告しておいた。

過半数の議員がボイコットしたことで市長は意地になったとみえ翌年も招集した。この市長は若くして当選したため話題になった人物だったが、市の制度も理解せずに情報公開にも後ろ向きの姿勢を示していたので、予算の討論の最後に次のように延べ、痛烈に批判しておいた。

「……市長が自身の食糧費と交際費の資料提出を拒否し、議会の全会一致の確認書で提出させた。古い発想を捨て、原則公開の条例の趣旨を徹底せよ。また、市長名で全議員に予算の概要説明会の案内を出し、一部出席議員が事前審議に応じているのは好ましくない。市長名で事実上の全員協議会を招集するなど、議長に対し非礼であると忠告する」

この痛烈な批判討論を頭を垂れて聞いていた市長は、自身の誤りに気がついたようで、翌年から中止した。

調査研究費はヤミ給与の温床

納税者の側からみて納得のいかない議会の経費に会派（政務）調査研究費の項目がある。その懸念の通り、多くの自治体議会の実態は議員のヤミ給与になっている。ただし、自慢するわけじゃないが、武蔵村山市議会は「会派市政調査研究費交付要綱」と「同運用基準」「公文書公開条例」によって、使途の明確さと公開の透明度は全国トップの水準にある。

国会議員には歳費のほかに活動に当てる各種の手当てが交付されるのに対し、地方議員には地方自治法によって条例の規定で支給される報酬、費用弁償、期末手当以外の給付は支給を受けることができないとされている。したがって、調査研究費はあくまでも会派という団体に交付される補助金で、会派をトンネルにして議員個人が自由に使用しているとすれば、違法なヤミ給与である。

この補助金の交付の根拠は、地方自治法第二三二条二の「……公益上必要がある場合においては、寄付又は補助をすることができる」との規定で交付されるもので、他の農業団体、商工団体、老人会等々に交付される補助金と全く同じである。

武蔵村山市議会は要綱と運用基準に少しでも疑義があるときは代表者会議で議論を重ねて改正を行って現在に至っている。さらに、原則公開の公文書公開条例には議会も実施機関(公開の対象)となっているので、請求があれば実績報告書のほかに領収書、帳簿の写しまで公開される。全会派が問題を起こしようがない制度となっている。わたしが主導してきた改革により、議会の交際費も視察旅費に関する資料もすべて公開となっている。これは、議会費の使途が曇りのあるものでは、行政のチェックもできないだろうとの精神に貫かれているからである。情報公開を念仏のように唱えながら、足元の委員会視察の現状も調査研究費の使途も公開しない他の多くの市町村議会とは質が異なるのである。

ただ酒は飲むな

情報公開が抑止力となり、次の年からの官官接待がなくなった例がある。

渡辺礼一市長(故人)は身辺が清潔だったが、監査委員との私的な飲み会に交際費から支出したことがある。それを発見し、決算委員会で「好ましくない」と指摘したり、右翼団体や政党への支出の事実を暴露しただけで改められたこともあった。当然のこととして、その後に出てきた市長の姿勢を点検する意味で交際費と食糧費の全資料をチェックしたが、各地で空出張や官官接待が問題になっていたことでもあり、議員の仕事としてやってみたのだが、新市長はイヤーナ顔をしてうつむいていた。

交際費から「東京都地方課との事務打ち合わせ及び懇親会会費五万八千六百四十円」の支出があったり「一部事務組合議員と理事者の新年会会費」などが目についた。「好ましくない」と批判し、全国最年少の市長と騒がれた人物だけに、その後の「議会通信」に「若いうちから税金でのただ酒の癖はつけない方が良い」と書いておいたところ、これも翌年から改められていた。

武蔵村山市の場合は原則として公文書は公開となっているので、それが執行機関に対する不正やごまかしの一定の抑止力となっていて、大きな問題は発生しにくくなっている。それだけに、真に開かれた情報公開制度は重要であるが、くだんの市長が翌年、公文書公開要求に「イヤイヤ」して議会からお灸を据えられた。選挙のときには「情報公開」を口にしていたのに自身の飲食の部分を隠すというのは醜態である。（第六章三項参照）

健康診断は自費でやれ

市議会議員の健康診断の費用が予算化されたのが九二年度だった。「一般職がやっていることだから」と、いずれかの会派から要求があったようだった。その時はさして疑念も抱かずにいたが、しばらくして良く考えてみるとおかしいことに気づいたので議会事務局の管理職に聞いてみたところ、その職員も同じ疑問を持っていることが分かった。

事業所や公務員には健康診断を行うことが使用者側に義務づけられているが、議員の身分は非常勤の特別職である。市には非常勤の特別職が数百人もいる中で議員だけが特別扱いされるのはおかしい。

調べてみると九二年度は健康診断に要する一人当たりの費用が一万四千円で受診者は二十二名中十一名。九三年度は一人当たり一万五千円で受診者が十二名だった。

代表者会議に「健康管理は自らの責任で行うべきもので、公費負担は好ましくない」と制度の廃止を提案したところ、ここでも賛否こもごもだった。「せっかくいい制度だと思って利用していたのに……」と難色を示したのは社会党の代表。話がまとまらないので、わざと、わたしと同じ見解だった議会事務局の管理職に「どう思いますか」と話を振ってみた。

相談するといろいろと遠慮なくアドバイスしてくれる職員なのでわざと見解を言ってもらう機会を作ったのだが、思った通り「いま、ふくお議員がおっしゃった通り、公費負担は疑問があります。他の制度（会社の保険や国民健康保険の誕生月検診等）で対応していただくほうがよろしいのでは…」と答えてくれた。これで、さしたる抵抗もなく次年度の予算要求からカットすることになったが、何によらず、この世界は市民感覚がそのまま通用しないので、一度実施していることを廃止にするには抵抗を排除する作戦を立てて臨まなければならないのである。

特別待遇に一石

市の表彰規定に自治功労者に対する特別待遇がある。一定の期間公職にあった者は生涯公式行事に招くほか、死去した場合の弔慰金を定めてある。市長の職にあった者で十二年以上の在職者は二百万円以上、議員の場合も在職年数によって異なるが、十二年以上十六年未満で二十万〜三十万円。十六年以上は五十万円と規定されている。

議会の改革案を協議した際、この制度の廃止を提案してみたが、だれもが沈黙したまま発言しないので、一般質問で「特別職の特権の廃止を」と通告し、「わが国の叙勲の制度も官に厚く民間が軽視されている。公職に就かなくても市政発展につくしている方々は大勢いる」と制度の廃止を求めたが、温存するとの答弁だったので、相手がダウンに結びつくジャブを繰り出してみた。

「ところで、この特別待遇の規定は一定の基準を満たしている者に適用されるとなっているが、現職の市長や議員が死去した場合にはどうなるのか?」

これには助役や企画財政部長がひそひそと打ち合わせたうえ、

「当然、現職の方にも適用いたします。」

そこでパンチを振るった。

「現職の死去にも弔慰金を支給すると言うが、行政実例には『議会議員の死亡に際し、弔慰金を支給することの可否』として『地方自治法の規定に定めがないので市町村が独自に支給することはできない』とある。違法ですよ」とやったところ、市長以下幹部が顔を見合わせるだけで答弁に立てないので、「制度を残すというが、退職者と現職との均衡上の矛盾した問題もある」と指摘しておいた。

適法と仮定したところで、社会通念上の範囲の額を越えているとのわたしの判断に対し、保守系議員の一人が雑談で、「ふくおさんは制度を廃止した方がよいと言うが、議員をやったものには当然だと俺は思うよ」と言っていた。これこそまさに特権意識である。

傍聴人を取り締まるとは

地方自治法の第百三十条に「傍聴人の取締」に関する規定がある。その条文三項に「……議長は、傍聴人の取締に関し必要な規則を設けなければならない」とあり、これを受けてどこの議会も必要な規則を設けてあるが、いまだに「傍聴人取締規則」となっている例がある。わが市議会の規則も初当選後ただちにわたしが指摘するまでは「取締」の文字が入っていた。「会議の傍聴は主権者の権利であるのに、それを取り締まるとは何事だ」と指摘した一言で「傍聴人取締規則」が「傍聴人規則」と改められて今日に至っている。

第二章　議員のいるところは治外法権

市長の専権事項に口を出す

職員懲戒分限審査委員会の秘密の内容らしきものが新聞に書かれたことから、議会の大多数が任命権者（市長）の権限も無視して本会議で大騒ぎを演じたことがあった。

八七年十二月議会でわたしが暴露した「市道マンホール蓋による交通事故の示談金を業者に肩代わりさせた」都市整備部ぐるみの事件（『ザ・地方議会』三一書房に詳細）は、特別委員会で調査の結果、職員の行為を「違法」と断定し、市長を「灰色」と認定して一応の決着をみたが、市長が減給処分を受け、関係職員数人の処分は前記の審査委員会で審査のうえ一定の処分をすることになっていたのだが、その答申の内容が某新聞にスッパ抜かれたことから、議会が大騒ぎとなった。

審査委員会の答申では、問題を起こした部長職が停職五十日、課長職が同四十日となったようで、これが新聞に出たことからの一騒動だった。議員には万能の権限があると思っている者が多いから、任命権者の権限を全く無視した暴走が始まった。

「市長は答申を尊重すると言うが、わたしには理解できない。厳重注意と五％くらいの減給でいい。」

これは社会、民社、自民と渡り歩いた当選六回の古参議員。

「停職五十日、四十日は重すぎる。最低だっ。末期だっ」と、当選六回の公明党議員。

「（職員処分の答申内容を）議会の全員協議会に諮って意見を聞いたっていいだろう」。これは当選四回の社会党議員。これじゃあ、議員の懲罰処分の決定に当たり「市長の意見を聴いてみよう」と主張しているのと同じである。

「最近の新聞は事実をねじ曲げて書いていることが多いから、抗議しろ」当選二回の〝隠れ自民〟のおちこぼれ議員。

「秘密を漏らしていないという自信があるなら、（スッパ抜いた）新聞社に抗議すればいいじゃないか」と、当選六回の公明党議員。

三権分立は民主政治の基本で、議会の招集権や予算の提案権は市長にのみ与えられている権限だし、議会には会期の決定や議案の修正や可否の決定権がある。職員の異動や懲戒権はそれぞれの任命権者にあるのに、それをわきまえずに堂々と本会議で市長の専権事項に口出ししているのだから、あきれた話である。議員には万能の権限があると思い込んでいるのだろう。言論・報道の自由にも挑戦しているとは、同業者として恥ずかしい思いをしたものである。これらの議員の所属政党は議員教育をやっていないようである。

噂と感情で特別委員会を設置

議員には万能の権限があると思い込んでいる連中が過半数を占めていたこの時期。行政に何の関係もない法人と個人の営業活動を調査する目的の特別委員会が設置された。対象の個人は自民党の議員で法人の役員もやっていたのだが、根に保守系議員間の感情の対立があり、公明党議員団をいじめ集団に巻き込んで一人の自民党議員をいじめにかかったのである。

議案の提案者は議会運営委員会の席で「某議員が営業活動で好ましくないことをやっているとの噂があるので、事実かどうか調査する」と言った。動議の可決前にわたしが「馬鹿なことを止めろよ」と公明党の古参の議員に言ったところ、

「委員会ができれば、某商事の名前が出る。会社の代表をしている議員は困るはずだから、他の会派に頼んで歩くべきだが、それをやらずに開き直っている。謙虚さがないから感情的になるんだ。」

恐ろしいことを言うものである。

議会事務局の管理職が「議会にはそんな権限がありませんよ」とひそかに忠告に動いていたが、議員には万能の権限があると思い込んでいる連中には忠告も通用しない。とうとう賛成多数で委員会が設置されてしまった。いじめられる自民党の議員を守る立場に立っていたのが、皮肉なことに反自民のわたしと共産党と、それに保守系〝隠れ自民〟の一部というおもしろい構図だった。

議員の任期切れがきて結果はうやむやに終わったが、いじめに回った連中にとっては、特別委員

会を設置したことで目的を果たしたのかもしれないが、多数が徒党を組めば地方自治法の規定も何も関係なしとばかりに暴走するのがこの世界である。

そのころ、公明党議員の奥さんで学校給食センターの臨時職員だった人がスーパーで万引き事件を起こし、亭主が慌てて退職させて逃げた一件があった。同じような手法で調査のための特別委員会の設置議案を出せば、可決されなくてもそれだけで新聞記者が嗅ぎ付けて記事にする。一部に「やってやろうか」の声があったが、「夫婦でも人格は別だし、そんなことで調査委員会は設置できない」とわたしが押し止めておいた。ほんとにこの世界は別世界。つくづく嫌になる。

議会外の言論に干渉

議会内外の出来事を書くときのわたしは、登場人物を実名で書くことが多い。これが気に食わないと議会の代表者会議で無謀な挑戦を仕掛けてきたのが社民党の内田英夫議員だった。わたしの反撃の一声と、座長の良識が一致してすごすごと引き下がることになったが、護憲の旗印を捨てた社民党だから人権感覚もなくしたのかと職員の批判も受けていた。

「手元に○月○日と○月○日発行の『ふくおひろしの議会通信』がある。現職（自民党）の議員を名指しで批判しているが、議員は皆、地元の支持で当選しているものだ。しかも、三年も前の市長選挙の『○○市長引き下ろしの真相』などと書いている。誹謗中傷だッ。」

自分のことが書かれているわけではないのに、どうやら自民党議員にそそのかされて言っているようだ。

議会として何らかの対応を検討すべきだと言わんとしているようだから、わたしがただちに「座長」と呼んで手を挙げた。

「わたしはいろいろなところに書いている。当事者が議員であれ他の市民であれ、議会外の言論に関することを議会で協議することがあれば、議会総体が言論・表現の自由に干渉することになる。座長はどのように考えるのか。議題にすることなど許さないぞ。」

いつも温和（？）なわたしが少しばかり大きな声を出したので、皆さんシュンとなっていたが、当の社民党議員だけが「要覧（？）には議員は人の名誉を傷つけたり他人の私生活にわたることを取り上げてはならないとある」と座長の方に向いて食い下がっていた。

座長（共産党）が、

「議員の言動が懲罰の対象になるのは議会の会議中の事件だけだから、このことはここで協議できません。」

この一言で出鼻をくじかれ、言いっぱなしで終わるのだからお粗末なものだ。彼が取り上げたわたしの議会通信には自民党議員の批判だけで、社民党批判はないのだから、きっと自民党に頼まれて「ふくおを問題にして懲らしめてやる」と引き受けてきたのだろうが、とんだ返り討ちにあったものだ。場違いなことを持ち出すほどだから、恥とも思っていないのだろう。

わたしがただちに反撃し、座長もそれなりの見識を持っていたから相手の非常識な狙いは不発に終わったが、時にはお門違いな調査特別委員会が設置されていじめられる例もあるのだから、力のない新人は常に脅威にさらされていると言ってもいい。現にこれに類する問題は各地の議会で持ち上がっていて、いじめのための百条委員会を設置された例もある。この世界は油断も何もあったものではない。

この一件があった時の定例議会の最終日にわたしと共産党が共同提案した「新ガイドラインに基づく有事立法反対に関する意見書」は公明党、民主党等の協力で可決・採択されたが、社民党は自民党と共に反対に回った。社民党議員は「反ふくお」「反共産」に凝り固まっていて感情的に対峙することから、自民党と組む図式がこの市の議会では定着している。

確認破りの我田引水

「行財政改革に関する決議」を可決して総合体育館の建設凍結を求めた際、決議の二番目に「国庫補助の見込めない事業は計画の変更・凍結を行うこと」として、聖域はないと確認したのに、半年後にそれを無視して西部地区の〝隠れ自民〟原田拓夫議員が一般質問で「国庫補助が見込めなくなったが」と地元の道路整備を要求した。

本人に抗議したところ、バツの悪そうな顔で、「地元の道路なもんで……」と言ったが、議会運営委員会で裏切り行為と決めつけておいた。行革の必要性を言いながら、国も自治体も議員が地元の利益代表意識で総論・各論を使いわけていては税金の無駄遣いはなくならない。特定の地域、団体、個人のために働かないわたしは長い間「地元の役に立たない議員」と言われて誇りに思ってきたが、地元という「木を見ては森が見えなくなる」ものである。

この議員は農地の生産緑地の指定を受けながら、一部を宅地に転用した違法行為もあり、この前年の十二月議会で共産党の議員に取り上げられたが、質問者に頼んで名指しは避けてもらったために新聞沙汰にもならずに済み、土地は原状に復して固定資産税の数年間の差額徴収も免れていた。

わたしの初当選のころ西部地区のある議員が、「東の方の新住民の多いところに公立保育園を建てたから、こんど建てるのは西部地区だ」と言った。「西部は住民が少ないから、保育園に入る子供はいないよ」と言ったところ、「いやいや、住民がいようがいまいが、西部に建てなけりゃあ、公平にならない」とぬかしやがった。

市政施行後三十年、まだ、西部地区の時代遅れの伝統は生きているようだと思ったが、東部方面から市長が出たとき若手の職員が、「これからは東部の道路が良くなると期待してるんですよ」と口走ってわたしを驚かせたほどだから、もはやなにおか言わんやの心境である。

質問妨害に一喝

ワンルームマンション建設反対の陳情を審査中の建設委員会をのぞいてみた。委員の質疑が一段落したところで、委員外の共産党の女性議員が質疑を始めた。建設地の近くには国立音楽大学があることから、ワンルームマンションの多い地区であるが、繁華街のいかがわしいマンションと混同して、「風紀が乱れる……」と反対の立場でやっているのには賛成しかねたが、その質疑が続いている最中に突然、「委員長っ委員長っ」と手を挙げたのが、くだんのマンションの建設業者の顧問を自称していた不動産業の自民党議員、「委員でもないのに、あんな発言を……」とわめき出した。

わたしの出番に文句をつけたわけではないが、議員の権利に関することは見過ごせない。喧嘩の場数を踏んでいるわたしの反応は早い。さっと割り込んだ。

「委員外の議員だって発言の権利があるんだ。議員が委員長の許可を得て発言していてなにが悪いのか。」

この一言で制圧してしまった。

その議員は、顧問料に見合った働きをしようとしたようだが、わたしの一言でシュンとなり、委員会室から出ていった。

雨はどこにでも降るが

予算委員会で公明党、共産党の議員が低地の多い大南地区の雨水排水のことを質問していた。答弁側は当然、質問の地区への対応を答えれば良いのだが、答弁を聞いていた社会党の内田議員がカリカリしながら「雨は大南地区にだけ降るわけじゃない。(自分の住んでいる)三ツ藤地区でも敷地内から外へ流れないで困っているところがある」とやった。だからどうしろとの質疑ではない、単なる嫌がらせ発言である。すると、これを聞いていた〝隠れ自民〟の榎本茂議員が、「わたしの家は三方の道から雨水が流れ込む。三ツ藤なんかいいほうだ。」

なにも公式の場で当てこすりをやることはない。予算委員長の「自分のことは言わないでください」でひとまずは終わったが、公明、共産の両議員も一地区だけ優先的にやれと主張したわけでもないのに、カリカリすることはない。両議員の程度は分かっていても、くだらない鞘当てを聞かされるほうは迷惑である。

奇妙な論理

その内田議員から突然、「庁舎の敷地内にかかっている『売り上げ税反対』の垂れ幕を撤去すべきだ」との提案があった。理由はなんと「売り上げ税は昨年廃案になっているし、垂れ幕も去年の予算でつくったものだから」というものだった。

国会ではこれから大型間接税の論議が始まろうとしている時、法案の名称はともかくとして、この提案には与野党揃って首を捻ったものである。もちろん一人の賛成もなかったが、政治感覚を疑われたことは間違いない。

後段の「去年の予算で作ったものだから……」という奇妙な論理が成り立つのなら、去年の予算で作った襟の議員バッジもはずしてもらうようである。

「市長は暴力団の組長」と

とかくぎすぎすしがちな市議会でも、時には爆笑に包まれることがある。〝隠れ自民〟の比留間市郎議員が一般質問で、音楽が病気に効果があるとして具体例を挙げて質問していたが、その最後に、「ベートーベンを聴いて良い答弁を…」とおちをつけ、議場が笑いに包まれた。演歌しか知らない人だから、だれかに聞いたのか、あるいはなにかの本で読んだのだろう。だが、それで味を占めて笑わせようとしたのだろうが、それから暫くして、議場でとんでもない発言をやらかしてくれたのである。

市長に市のために一生懸命にやってほしいと言いながら、

「市長は会社で例えれば社長、暴力団で例えれば組長ですからね」

と言ってしまった。本来なら懲罰処分ものであるが、だれもが笑っただけで反応しなかったので後日、「議会は問題にしなかったが、取り消しておいたほうがいいぞ」と忠告し、「どうしたらいいでしょう」と聞くので、陳謝文の原稿を書いて渡してやった。それを暗記してきたとみえ、後日の議会運営委員会で本人が発言を求めて陳謝したが、廊下にいた新聞記者にだれかが耳打ちしたようで、翌日の記事になり、巷の話題になって笑われていた。

逆利用された議会通信

わたしの五期目のある時期のことだった。「議会通信」に次のように書いたことがあった。

「市議会でいちばん真面目な議員はだれか？　クイズなみだが、もちろんわたしであるはずはない。〝隠れ自民〟のE・M議員だ。他の議員の質問も答弁もノートに書いて勉強している。思想信条は違っても、わたしは勉強する人が好きだ。」

この一文、多少の皮肉を込めて書いたものである。この議員は視察に出かけるとき、視察項目の細部にわたってノートに書き留めて持参し、それを見ながら質問するのだが、視察の対応は各市でまちまちだから、担当を呼ばずに議会事務局の職員が受け答えすることもあるのに、見境もなく細部の質問などされては相手は迷惑だし、横に座っている当方もかなわないのに、施設ごとの利用率を聞いたりする。答えられるはずはないのでそれとなくたしなめていた。

それでもこのことで、早速ありがたがって利用したのはM議員の奥さん。地区婦人会の旅行のバスの中で、「うちの人は真面目な人ですよ。あの、ふくお議員の『議会通信』で褒められたのは、うちの人だけですからねぇ」と鼻高々にやっていたとか……。

第三章　いずこも同じ議員の素顔

議員バッジは四千万円

「使いたくて使うわけじゃねえが、バッジをつけるのに四千万だよ。」

自民党の土方敏夫議員がまともな顔で言った。

「ずいぶん掛かるんだねぇ。何に使うの？」

この問いには直接答えようとせずに、

「保守系は平均で同じくらい使うよ。中には六千万使ったのもいるけどねぇ。」

他人の懐具合まで分かったように言う部分はまゆつばものだが、本人に関するものは真実だろう。

「ふ〜ん」と黙って顔を見ると、

「周囲の連中が使わせようとするもんでねぇ。」

独り言のようにつぶやき、いかにも情けないという表情をつくってみせた。観光旅行にも一杯飲みに行くにも必ず議員バッジを襟につけ、「議員さんですか」と聞かれると襟元を撫でながら「うん、これをつけるのに○千万円かかったんだ」と言うのを楽しみにしているその性癖を知っているので、「俺の机の中には使用していないバッジがごろごろしているから、一個当たり四千万で買ってくれないか。」

わざとまじめくさった表情をつくって言った。当時のわたしは町会議員バッジが一個、市議会議員バッジ六個、全国議長会の表彰バッジ三個を持っていたが、いずれも机の中に眠っているので言ってみたのだが、このきつい冗談に苦笑いしてそばを離れていった。

後日この話を他の保守系議員数人に話したところ「俺たちはそんなにかからねぇよ。せいぜい四分の一だなぁ」と顔を見合わせて笑っていた。

わたしの一回の選挙でかかる費用は三十万円前後、しかもすべてカンパで賄っている身には想像もできない出費である。ちなみに、一九九五年の武蔵村山市議会議員選挙の法定選挙費用は三百三十七万五千七百円で、その四年前は二百二十一万七千二百円である。

買収とたかりの手口

この土地では買収選挙が常態となっている。訳知りの市の職員が「選挙の得票順が金の使い方の多い順」と言っていた。人口七万人弱のこのまちで、たかが市議会議員に当選するために四千万円使うとは、にわかに信じられない話だが、市の職員が買収の手口を具体的に話すのだから、金権選挙の実態がある程度想像できるというものである。

「選挙が終わったので、また、煙草を買わなきゃならない」とつぶやいた職員がいた。保守系候補の選挙事務所では、どこも同じようにテーブルの上に煙草が出ているという。箱のまま出しておくと帰り際に箱ごと何箱も持っていく図々しい人がいるので、それを予防するために箱から出してバラで器に入れておくと、空箱持参でそれに詰めて持って帰る豪傑もいるという。

選挙直後の議員の手元には、友人、知人が料理屋やスナックの領収書を持ち込み「お前の選挙の票固めに若い者を集めて飲ませたものだ。精算してくれや」と請求されれば、いやおうなしに払わなければならないと真顔で嘆いていた議員がいた。中には「自宅に二十人集めてご馳走しておいた。領収書はねぇが、一人当たり少なくても五千円かかってるから、二×五で十万円払ってくれ」と請求されたと、苦笑いしながら話していた者もいる。

「今度は領収書を持ってきてくれや」と言って渋々ながら支払ったと言っていたが、出すのは選挙違反の買収に当たり、受け取るほうは選挙違反兼詐欺・タカリであるとの認識は全くないようである。お互い様というものなのか……。

候補者本人が自治会内に軒並みに挨拶回り、その後を追うように地元の布団屋が一軒ずつ毛布や掛け布団を配って歩いた例もある。「○○さんから……」と野暮なことは言わなくても、そこは以心伝心というやつで、みな「はい、ご苦労さんです」と余計なことは言わずに受け取ってしまう。家族の中に異論を唱える若い者がいても、警察に届けたりすると村八分になる恐れがあることから、ほとんど事件になることはない。

九六年総選挙後の九月二十五日の朝日新聞夕刊のコラム欄に傑作が載っていた。「釣りとは、竿の片方に候補者がいて、もう一方に有権者が引っ掛かっている行為をいう」と。

内紛誘発の仕掛け

常任委員会の視察の際の中央線の電車内のことである。横に座ったのが、作り話専門で他人の悪口を言い触らす〝隠れ自民〟のS・E議員。嫌な奴が座ったものだと思うまもなく、すぐに始まった。その日のネタは同じ〝隠れ自民〟でこの視察でも行動を共にしているO議員を標的にしたものだった。

「信じねぇかもしれねぇが、O議員には市議選挙ではひでぇ目にあったんだ。」

おもしろそうな話だし〝隠れ自民〟同士のごたごたなら知っていて損はない。とっさに、「へぇ、あんたと彼は同じ自民党員で自治会も一緒なんだろう。何があったの？」

「同じ自治会なのに汚ねぇことやったんだ。選挙の後半にK寿司から自治会の全戸に寿司折を届けさせたんだけどねえ……」

すぐにその気になってきた。

「保守系の選挙はそんなことまでやるのかい。もろに買収じゃないか。」

「うん、まあ、それはそれとしてねぇ、寿司折の包み紙を開けりゃあ、底に一万円札が入ってるんだから、ひでぇもんだよ、俺の後援会員と分かってる家にも全部だよ。」

「ほう、そんなことやってて大丈夫なの？　警察に通報する人はいないのかい。」

「噂は広がるけんど、警察に言う奴はいねぇよ。みんなもれぇどくだから。」

「ひどいもんだね。それで、あんたたちも同じことやってるの？」

「いやいや、俺はきれぇなもんだよ。あんたと同じ（金をかけない）選挙だよ。」

新興住宅の家々のポストにテレホンカードを大量に投げ入れ、その筋が調べ回っていたのに、わたしが知らないと思って平気で口からでまかせを言う。

O議員の買収選挙の噂は耳に届いていたので、E議員がわたしに吹き込んだって別に驚くほどのこともなかったが、ここは一つ、E議員とは犬猿の仲のO議員に直接ささやき、内ゲバを誘発させることにした。午後、千歳空港の通路を列車のホームに向かって歩きながら、O議員の耳元にさりげなく「余計なお世話かもしれないが、Oさんの名誉に関することなので耳に入れておくよ。」

電車内の一件を簡単に話すと、O議員の顔色はみるみるうちに上気していった。

「そんなこと言いましたか？　あの野郎ッ、自分だってやってるくせに……」

呻くようにつぶやいたが、自分も同じことをやってるのを問わず語りに認めている。仕掛けはこれだけだったが、効果はてきめんだった。札幌のホテルに到着した途端に、大勢の客がいるロビーで、いきなりOとEの怒鳴り合いが始まったのである。ロビーの客が一斉に視線を集中するから、同行者と見られるのはたまらない。さっと遠ざかった。

議員バッジを外してからやればいいのに、いかにも「俺たちは東京の議員様」だという言葉でやり合うのだから、随行の職員は辟易していた。

野党と対立するときには一緒につるんでいる連中だから、お仕置代わりにクサビを打ち込んでやったのだが、これが意外なほどの効き目で、議員の任期中絶えることなく両人のいがみあいが続いていた。

土瓶議員の恥さらし

そのE議員には他人の会話に割り込み、あることないこと取り混ぜて吹聴する癖がある。横から口が飛び出ていて良いのは土瓶だけだから、わたしはひそかに「ドビン」の渾名をつけていた。横から会話に割り込まれ、うっかり相槌でも打とうものなら、今度は別の人物のところへ行って、相槌を打った人が言い触らしているように言う。その性癖は皆知っているので、話しかけられてもすぐにそばから離れていく。

熊本県A市への常任委員会の視察時の出来事だった。

議会の応接室へ案内され、椅子に腰を下ろそうとして壁際のボードの上に目をやると、花瓶の横にドッチボール大の果物らしきものが飾ってあるのに気づいた。まだ、先方の議長や議会事務局長が現れるのに少しの間がありそうなので、案内の職員に軽く会釈して側に寄ってみた。わたしが興味を示したのに気づいたA市の事務局職員が、つと横に立ち、

「これはこの辺りで取れた梨の突然変異なんですよ。珍しいので飾ってあります。」

いかにも得意そうに説明してくれた。

「見事なものですねえ」とわたし。すると、そのやり取りを耳にしたE議員がわたしと職員の間に割り込み、その梨を覗き込み「こんなもの、うちの市じゃあ、ごろごろなってるよ」とやってくれた。一瞬、先方の職員はムッとした。E議員はいつもこれだからかなわない。わたしはとっさに「すみません。この人は武蔵村山市で採れた突然変異なものですから」とその場しのぎの言葉で逃れた。機転が通じたのか、不快な表情を浮かべた当の職員は下を見てクスリと笑ったので、ホッとした。

言葉の意味を理解できないE議員だけが黙って突っ立っている。その表情を盗み見て、職員はわたしに向かって改めて「そうですかあ、突然変異だったんですかぁ」とおもしろそうに、今度はけらけらと笑っていた。

視察の恥はかき捨て

視察に出掛けるのなら多少は予備知識を持って行くのが礼儀だと思うが、ほとんどの議員は議会事務局職員が用意した「地方公共団体総覧」のコピーを持っていく程度で、中には視察先の名前も読めないひどい例もある。固有名詞は難しいものではあるが、少しばかりの予備知識がないと視察団全員が恥をかくことになるから恐ろしい。北海道の美唄市を「びうた市」、青森県の弘前市を「ひろまえ市」と読んでいた議員がいた。視察先に決定した後だから、出掛ける前からぞっとし通しだった。

高松といえば「讃岐の国」。名物は数々あるが讃岐うどんもその一つである。松山市を視察した翌日、高松市に向かう車中で周囲の議員に「高松といえば讃岐の国だから、名物の讃岐うどんを食べて帰ろうか」とさりげなく予備知識を授けたつもりだった。駅に出迎えてくれた先方の事務局はマイクロバスでそのまま昼食に案内してくれ、料理屋風の二階の座敷に案内され、待つまもなく出てきたのが、ちらし寿司と讃岐うどんのセットだった。北海道生まれのわたしはどちらかというと、うどんより蕎麦が好きなほうだが、讃岐うどんを口にして「なるほど、名物だけのことはある」と思いながらいただいていた。出汁の良く効いたうどんが絶品だった。

その静寂の中で突然、「ああ、ここのうどんもうまいね」と大声を発した者がいる。地声が大きい人だから、だれの耳にも入ったと思うと、その議員の次の言葉が心配になった。慌てて「当たり前じゃないか」と遮って「有名な讃岐うどんの本場だぞここは。ねえ、そうですよねぇ」と座敷の隅に座っている高松市議会の職員に話を振った。

「はあ、一応名物となっているものですから用意させました。お気に召したでしょうか。」

このやり取りで〃不穏当発言〃の議員が気づいたようで「なるほど、美味しいですねえ」となったが、冷や汗ものだった。

帰りの列車の中でだれにともなく「讃岐うどんの本場だからわざわざ用意してくれたのだから『ここのうどんもうまいね』じゃ駄目なんだ。『ここのうどんはさすがにうまいね』が正解なんだ」と講義しておいた。

視察先から公文書で抗議

視察先で、「武蔵村山市でやっているのに、どうしてこちらではやれないんですか」と難詰した奴がいて、相手側をムッとさせ、机の下に潜り込みたくなったことがある。逆に、わが市議会に視察にきて、「議会費の割合が多すぎる」「当然賛成しなければならないことに反対した人が『議会だより』に載っている」「調査研究費を議会報告に使用できないのはおかしい」とぬかした議員がいた。先方の事務局職員が困った顔をしていたのが印象に残っている。どこにも常識では計り知れない議員がいるものである。

八〇年代の終わりごろ、首都圏七市の革新無所属の女性議員九人が愛媛県の伊方町を視察した後、七市の議長宛てに伊方町議会議長名で抗議文書が届いたのが話題となっていた。

「……本町は、原発立地町でありますことから、従来とも全国各地より自治体議員の原電に関する視察研修が多うございます。いずれの場合も快く受け入れていたのでありますが、今回のことから、今後は、純粋な研修ニュアンスが感じられず、背景に別の意図の存するやと思考される場合の時は、来訪をご遠慮願う等、受入れについて慎重に対応せねばならないと反省しております。ご高承のとおり、議員の各自治体への視察研修は、当該居住する自治体の飛躍発展に資してこそ、意義あるものであります。議員研修の本来像を逸脱することのないよう、ご一考を、今後お願い申し上げまして、苦言とはなりましたが失礼させていただきます。」

視察といってても会派研修費で行ったものだが、反原発の立場の議員だから地元の反対運動グループと交流したり、役場を訪れて抗議めいた発言をしたようである。翌日の地元新聞の記事で反対派と知った町長と議長が怒ったというのが真相のようだった。送付されてきた文書の中には、「避難訓練、なぜしないのか。核シェルター、外国でもつける。伊方もつけるべきでしょう。環境監視委員は婦人会長のような年配者でなく、幼児を持つ若い母親にその任に当たってもらうよう選任すべきです。私たち、首都圏の○○市で脱原発に関する意見書を決議しています。これ（コピーを配布）見てください」

と抗議されたとある。

公文書に添付してある新聞記事の中にも、視察団に挨拶した町長の原発に対する姿勢を記者会見で批判した「……感覚が本当に恐ろしいですね」なんて談話が載っていれば、反対派には公民館も貸さないというほどの町だから、立腹したのはヨーク理解できることである。原発の危険性は単に一地域の問題で済ますことはできない重大問題ではあるし、わたしも反原発の立場に立つ者だから、わが市議会の調査研究費で「原発立地の問題点の研修や同地の反対運動との交流」にも充てることができるが、役場に「抗議」に行くのなら、議会の視察研修として議長名で受入れの要請をして出かけることはしない。それが視察に出かけたり、受け入れたりしている自治体間の最低の礼儀であると考えるからである。

ルビをつけない理由《わけ》

昔の国会の演説で、追加予算を「おいか予算」と読んで大笑いになった議員がいた。国会議員から地方議員まで、教育の程度は様々で教養の差も歴然としているから、この種の笑い話には事欠かない。

「収入未済額」を「しゅうにゅうみすみがく」、「類似市」を「るいにし」、「全戸配布」を「ぜんとはいふ」と読む議員がいる。「手話通訳」を「てわつうやく」と繰り返す議員等々、毎定例会ごとに面白い話が出てはわたしのノートに書き加えられていく。議長が「不平等」を「ふべえどう」、「倫理」を「ろんり」と繰り返していた時には数人の議員が思わず吹き出していた。答弁側にも「遵守」を「そんしゅ」と読んだ教育長、「浚渫」を「しゅんちょう」と繰り返し読み違えていた市長の例がある。

テレビアナウンサーのニュースの読み方にも時には凄いものがある。「文盲」を「ぶんもう」と繰り返し、どこからか注意があったのか最後に訂正したベテランがいた。「淡々と……」と書いてある原稿を、なんと「あわあわと…」と読んだ傑作もある。「唐突」も「からとつ」と読まれていた。これらの例はご愛嬌というものだろうが、聞いているだけで身の縮む思いがすることがある。

某年某月、新市長が誕生してまもなくのことだった。市政功労者が亡くなって盛大な葬儀が行われた。大勢の参列者の前で市を代表して弔辞を読んだ新市長が、突っ掛かりながら読むのは慣れないせいと理解できるが、その中で「幽明界《ゆうめいさかい》を異《こと》にして……」のところで「ゆうめいさかいをいとして……」とやってしまった。びっくりすると同時に恥ずかしく思ったわたしが、「議会通信」にちくりと「市を代表して読む弔辞くらいは正確に読んでもらわなければ……」と書いたところ、皮肉なことにその直後にまたまた葬儀があり、そしてまた、同じ場面に遭遇することになったのである。

わたしに皮肉られた市長氏はきっと、今度こそと緊張していたのだろう。用語とその意味を知っていれば読み違えることもないのだが、今度は「ゆうめいきょうをことにして」とやってくれた。辞典には「幽明界」とあるが弔辞の巻紙には「幽明境」と書いてあったようだ。

この話を議長に話したところ「俺のはどうだったい」と言うので、「一か所間違ってたよ」と言うと、「かなわねえなあ。『議会通信』に書かないでよ」と頭を掻いていた。

後日、議会事務局職員に「難しい字にはルビをふってあげたほうが良いのでは……」とアドバイスしたところ、「巻紙は読んだ後で置いてくるのでそれができないので、さりげなく事前に読んでもらっています」と言った。

数日後、他の市議会から視察に見えるので委員会室の準備が行われていた。何気なく、議長が挨拶のために座る席に目をやると、ワープロの大きな活字の挨拶原稿があり、「面映《おもは》ゆい思いがします……」とルビをふった部分が目に入った。職員の気遣いは大変なものだなあと感心し、同情させられたものである。

委員長は挨拶が苦手

Y県I市の新設の図書館を視察した。先方の職員から「遠くから、わざわざおいでくださいまして……」と丁重な歓迎の挨拶があった後、普通ならここで、当方の委員長が挨拶する番だが、下を向いたきり立とうとしない。皆じろじろと委員長の様子に目をやるだけで、総勢二十人程の席になんとも気まずい空気が漂い始めた。随行の職員が「では、ここで委員長に……」と促せば当の委員長が立たなければならなかったが、そんな気の利いた職員でもないし、だれもが何も言わないので会議室はピーンと張り詰めた白けた雰囲気が支配した。

事態打開のために口を開こうとした矢先、やはりしびれを切らしたように議員の一人が「では、お忙しいようですから、早速、ご説明をお願いしましょうか」と言い、これがきっかけで全員が呪縛から解き放され、委員長の挨拶抜きの視察が始まった。一応の説明を受けた後、型通りに館内の見学に移った。館内では皆、ばらばらになって歩いているので委員長の側に歩みより、小さな声で詰問した。

「どうして挨拶しなかったんだ。」

するど、委員長はムッとした顔で、

「さっき議長室で挨拶したら、部屋を出るなりあんたが『くだらない挨拶を長々やるな、要領よく簡単にやれ』って言ったじゃねぇか」と反論してきた。

「ああ、言ったよ。だから、簡単にやれば良かったんだ。」

「だって、あの挨拶じゃあ駄目だって急に言われりゃあ、考える時間がねぇよ。」

「それで、考えがまとまらなかったと言うのか。」

軽蔑するような顔を向けると、

「うん、まあ……」

委員長は言葉を濁したまま黙ってしまった。

地元では職員が書いた挨拶原稿を読んでいれば良かったのだが、視察に出るときは議会事務局の職員もそこまで面倒を見てくれないので、委員長は家を出るときから挨拶ばかりを考えてきたようで、それをわたしに「くだらない……」と言われ、頭が真空状態となり、頭の中の挨拶文を修正する時間もなく、仕方なく下を向いてだんまりを決め込んだのが真相だった。

神社仏閣巡りは宗教行事？

「委員会視察は京都に宿泊して帰京することになりますので、帰る日の午前中に二、三時間のコースで見学先を設定するように委員長に指示されました。京都は神社仏閣が主なものになると思うんですが、事前に公明党の議員さんにご意見を伺ったほうがよろしいでしょうか。」

視察に随行予定の議会事務局職員の相談だった。

視察の最後の日は、列車や飛行機の時間に余裕がある場合は近くの名所旧跡を見学することが多いのだが、その部分は正規の視察ではないが見聞を広げるものとして許容されている。職員が危惧している事情は飲み込んではいたが、わざと「どうして?」と聞いた。

「はあ、公明党（創価学会）の議員さんは他の宗教を邪教と決めつけていると聞きましたので、他の寺院を見学することに異論が出るのではないかと思ったものですから……」

「いやなら、公明党の議員は一緒に行動しなければいいでしょう。」

突き放したような言い方に職員は当惑気味なので、ほっておけず理由を説明した。

「ボクには特定宗教の信仰心はないよ。でも、神社やお寺を巡るのは歴史的に由緒のある名所旧跡を見学することで、お参りではない。だから、そんなことは考えたこともなかったよ。議員の中にはキリスト教の信者がいるかもしれないし、仏教にもいろいろな宗派があるのだから、公明党議員にだけ気を遣う必要はないね。」

職員は「なるほど、そうおっしゃられれば、そのとおりですね」とうなずいた。

「事務局職員はいろいろと気を遣って大変だね。現地で何かあったら助け船を出すよ。」

と言っておいた。

職員にこれだけ気遣いさせるほど、議員の言動はいつ何が飛び出すか予測ができない。そのころ議会事務局長が議案の朗読中に「境内地」を正しく「けいだいち」と読んだところ、直後の休憩中にある政党のベテラン議員が「どうして、けいないをけいだいと読むのか」と抗議した話が広がっていたから、その議員が含まれている委員会視察につき、当の職員はいらぬ心配をしたのかもしれない。

観光目的の視察なんて

東京三多摩地区の東村山市議会のある議員の議会報告紙に「保守系（自民党）議員団が堂々と〇〇市の観光を目的として会派研修に行くと議長宛ての文書に記載して出かけた」との批判の一文を見た。

いくら実態が観光旅行だとしても、視察の目的を「観光」として出掛けるほど大胆な例にお目にかかったことがないので、好奇心から調査してみたところ、目的は「〇〇市の観光行政」となっていた。

多くの市町村の予算書には「観光費」の項目がある。わが武蔵村山市は観光とは全く無縁な土地柄だが、商工費の中に「観光費」の項目がある。内容は観光納涼花火大会の実行委員会に四百万円ほど交付しているだけだが、これだけでも観光事業があると言えばあることになる。

全国に多々ある観光地の観光行政を視察してきて参考にするというのであれば、「観光行政の視察」は立派なテーマだろうが、観光地でもない東村山市の議員が、かりに長崎市や神戸市の観光行政を視察してきたところで、役に立つとも思われない。だが、視察目的を定めて出掛けている点で、かろうじて「観光旅行に行った」との批判はかわしているのだから、文句の一つもつけたくなったのだろうか……。それとも自身の錯覚か……。

第四章　議員の資質はこんなもの

非常識議員に教育

市長問責決議を全会一致で可決した際に自らも賛成しながら定例会の閉会後、長井孝雄議員（公明党）と天目石要一郎議員（さきがけ後民主党）の二新人がビラで決議を批判したのには驚いた。まさしく支離滅裂。決議文を共同提案した全会派に対し信義上許されることではなく、天に向かって唾を吐く行為は笑いものである。こんなことをやっては小学校や中学校のクラス会議だって袋叩きに遭うだろう。

議会外の言論活動だから懲罰にはならないが、信義上の問題につき、両会派の代表が議会運営委員会で陳謝して決着したが、議会運営委員会の報告書には次のように記載され、全議員の前で読み上げられている。

「議会運営委員会には決議・意見書の扱いについての約束事があります。締切り期日までに提出されたものについては議会運営委員会の場で原案を配付し、各会派が持ち帰り検討した結果を受け、後日調整を行っております。

各会派が調整に応じ、そこで合意を見たものについては議会運営委員全員（全会派の代表）が議案の提案者になって本会議の議案として扱っているのはご存じのとおりです。十二月議会の『市長問責決議』もそのように扱われました。もちろん全員一致で可決をみたのは申すまでもありません。

ところが、その後の一部の議員の政治活動の中で、その決議そのものが不当であるかのような主張がなされている例が見受けられます。そのような行為が許されるのであれば、議会の円滑な運営のため、相互に信義・信頼関係を基に運営している議会運営委員会の存在自体が意味を持たないことになります。

我が市議会の議会運営委員会と会派代表者会議は、多少時間がかかることがあっても、十分な話し合いの中から一定の結論を得られるよう相互に努力しています。調整中の経過や結果は代表者を通して会派内に十分に徹底されるようお願いいたします。

なお、個々の議員の政治活動は自由でありますが、合意を見た内容を否定するかのようなことが今後も続くのであれば、議会の自律権の面から対応せざるを得なくなりますので、この旨を徹底されるようお願いいたします。」

長い議員生活の中で、新人にこの程度のことを教育しなければならないとは……。なまじ、わたしの〝紙爆弾〟を真似てやってみたのだろうが、空を向いて唾を吐いたのがこの両議員。自分の言動の是非が分からないのでは社会人として失格で、次々と見せてくれる非常識な言動の始末に当たる会派代表が気の毒だった。

反対から賛成へ迷走

天に向かって唾を吐いた議員がいるかと思うと、同一事案で委員会では賛成し、本会議では反対に回る議員がいることから、傍聴者は目をパチクリさせることがある。

かなり以前のことだが、「国民健康保険税を値上げしないでください」との請願に公明党の徳光文武議員が委員会で賛成した。公明党は五議席もあるのだから、本会議ではこの請願が賛成多数で採択されるはずと請願者は喜んだが、本会議ではくるっとひっくり返って会派全員が反対に回って不採択となった。これでは請願者は浮かばれまい。

同じような例で、委員会で「乳幼児医療費無料制度の所得制限撤廃を求める陳情」に賛成しながら、本会議の採決で反対したのが前述の天目石議員外一人と共に会派を組む善家裕子議員（無所属・会派は清流）だった。委員会で全員賛成で採択と決まった後、その案件の意見書を委員全員が提出者となって本会議に提案しているのだから、くるくる変わる矛盾した行為が見逃されるわけはない。ただちに、同じ委員会の共産党、公明党議員から「おかしいじゃないか……」とクレームがついて本会議は止まった。こうなると、事が非常識なだけにかばいようはない。

休憩中に事情を聴くと「わたし、意見書は確認してません」とあっけらかんとしたもの。「でもね、善家さん、委員会の議事録では意見書は全会一致で確認したことになっているんですよ。いまさらそんなこと言うと新たな問題になりますよ」とわたしが言うと、「あらっ、どうしたらいいでしょう」と言う。わたしが、「ご自分が意見書の提案者になっていながら、その元っこの陳情に反対とは常識的にあり得ないことで、他の会派にとっては迷惑なこと。問題になるのは当然ですよ」と言って聞かせた。

議会運営委員会で同議員の会派代表が頭を下げ、懲罰より軽い「反省を求める決議」と本人の本会議の陳謝でケリをつけたが、ルール違反を犯した自身の言動の意味が分かったのがどうか疑問の残る態度だった。

問題を起こしたのは「乳幼児医療費無料制度の所得制限撤廃を求める陳情」だったが、二年ほど後の「私立幼稚園保護者負担軽減補助金の所得制限の廃止を求める意見書」には同氏の会派だけが反対したところを見ると、どの制度も「所得制限の廃止を求める」ことには賛成できないのが本音だったのだろう。もしそうだったのなら、最初から筋を通していれば問題にもならなかったのに……。

ルール違反の連動にお灸

全会派の共同提案議案には採決で反対が出ることはありえないが、なんと、天目石議員が前述の「善家議員に反省を求める決議」に造反して挙手をせず、本会議に混乱を持ち込み、会派代表がまたまた議会運営委員会で陳謝した後、本人も本会議で陳謝文を朗読させられるハプニングがあった。善家議員の非常識な言動に対する収拾策は全会派で合意したものだから、「全員賛成」で可決されるはずだったが、天目石議員は挙手をせずに造反を決め込んだのだから信義違反である。議会全体の合意事項を破棄されるのでは議会運営委員会が成り立たない。ただちに議運委員会が開かれ、説明を求められた会派代表は次のように釈明して頭を下げた。

「善家議員の問題は議運委員会の協議で『反省を求める決議』で決着の計らいをしていただいたこと、同議員の（陳謝）発言が許可されていることは公の場で決まったことと会派内に説明している。天目石議員は人（代表）の話を軽く受け止めて聞いている。意見があれば調整中に主張すればいい。議運の決定の重みが分かっていないし、議員としての自覚と資格がない。会派代表を代わってもらいたいくらいだ。誠に申し訳ない。」

造反した天目石議員に事情を聴いてみたところ「善家議員をいじめるような気がして手を挙げなかった」と言う。それならそれで、調整中に会派代表にその旨を言えばいいのだが、その常識が身についていない。

議会の秩序を乱した懲罰のケースだったが、会派代表が議運委員会で「議員としての自覚と資格がない」とまで同僚議員を酷評して陳謝したので、本人に本会議で陳謝文を朗読させる軽い〝処分〟になったが、同僚の失態を問われ、議会運営委員会でたびたび頭を下げている会派代表の姿を善家議員と天目石議員は承知していたのかはなはだ疑問に思ったものである。両氏の失態で無駄にした時間は本会議半日分。半年前にも問題を起こしていたが、政策論争以前の問題でお灸を据えられるのは恥と思わなければならないのだが……。

天目石議員朗読の陳謝文

「議員提出議案第41号（善家議員に反省を求める決議）の提案に当たっては議会運営委員会において代表参加の元に当該議案を決めたものですが、私は採決に当たって挙手をいたしませんでした。このことは、議会運営委員会の果たす機能・役割の重みの認識を欠くことに起因しており、かかる行為に至ったことは、議会のルールに反し、著しく信義にもとるものであったと深く反省しております。今後、研鑽に努め、かかることのないよう努めてまいります。誠に申し訳ありませんでした。」

その後、清流会派の二人の議員を議会通信に批判的に書いた。悪口と言われるかもしれないが、議会運営上の信義に関わることで全会派に迷惑をかけることが多いので、反省を求める気持ちで記録に忠実に書いておいた。

たびたび書くことだが、わが市の議会運営委員会は一人会派も含め全会派で構成しているので、ここでは全議員の意見が反映される仕組みになっている。そのうえ、決定は全会一致制を採っているのだから、一旦合意に達したことは全議員を拘束するのは至極当然。「みんなで相談して決めたことだから、約束を守ろうね」と言えば幼稚園児でも分かることと同じなのである。

なお、たびたび会派内の意志疎通を欠く失態を続けていた彼と彼女の会派はその後、別件で内部対立したことから〝協議離婚〟し、会派を清流二人と民社一人に分割（分裂？）となった。

議会は付属機関か

わが国の議会制度の中では議会と執行機関とが対立することがあっても不自然なことではない。だが、現実には多くの議員は己の役割を〝賛成要員〟程度の意識しか持っていないことから、この国の納税者の不幸はなくならない。

陳情・請願の審査に当たっては議会（委員会）側が必要な審査を行ったうえ、なるべく民意（納税者の要求権）の一つとして汲み上げる方向で結論を出すのが筋道であるが、そうは簡単に進まないのが腹立たしいのである。

まず、多くの議員は行政の実態と今後の考え方を聞き、「市がやらないといっているのだから」と不採択を主張したり、近隣他市の議会の動向を聞き、「まだ、どこの市でも取り上げていないから、不採択か継続審査」と主張する。これが自治体議会の現実の姿である。

近隣の東京・小平市の議会運営委員長との雑談の中で、「うちの議会では陳情・請願を採択しても三年以内に実現しないものは無責任になるから採択しないとの約束事がある」と聞いて驚いた。議会を行政の付属機関として位置付け、住民要望も行政の意に沿って取捨選択しているのだろうが、これでは住民はかなわない。

他市の議会の約束事に口出しする気もないが、同市議会には共産党も市民派もいる。それらが何一つの抵抗をみせず、異論も述べずに議会運営委員会の決定に従っているとすれば、なにおか言わんやというところである。

この例はともかく、行政が消極的でも納税者の要求を是とするなら議会・議員が積極的に取り上げ、その実現を図るのが議会・議員の本務と考えるのは少数派で、議員はなかなか納税者の立場で判断しようとはしないものである。

八〇年代の初めに議会が全会派一致の「非核三原則に関する決議」を合意した際、自民党の女性議員が会派代表と掴みかからんばかりの大喧嘩をしていた。議長にも「議会は市長の考えている以上のことを決議すべきではない」と文句をつけていた。時の市長が「非核三原則堅持」の姿勢に消極的だから、野党主導でこの決議をまとめたのが与党として屈辱だったのか、不満が爆発したようだった。この議員はきっと、議会は市長の付属機関と勘違いしていたのだろう。

沈黙も議員の権利だが

「ふくお君よ、議会は町長が出してきたものをシャンシャンと賛成すればいいところだ。自治会の延長のようなもんだから、君のように毎回毎回質問しなくてもいいんだぞ。」

まだ市政施行前の初当選のころ、先輩ぶった保守系議員のご忠告である。

「そうですか、僕は黙って賛成要員を務めるために議員になったわけではありませんから、必要な質疑と質問をするんです。」

この先輩議員だけの質ではなく、「与党だから何も言わずに黙って賛成する」というのが議員の仕事と思われているようで、一般質問はするが、議案の質疑は一つもしない議員が圧倒的に多い。沈黙も権利だと言ってしまえばそれまでだが、膨大な額の予算・決算を審査しているのに一つの質疑もないというのは不思議なことである。

そうかといって、なんでも発言すれば良いというものでもない。不動産屋議員が自分の仕事がらみのことを取り上げ、「開発指導要綱の規制がきつすぎる。建ぺい率をもっとゆるやかにしろ」とやって、同業者議員に「おめぇ、自分の商売《しょうべぇ》のことべぇ言うな。笑われるぞ」と、たびたび野次られていた。

商売がらみのことを言ってもいつもこうなるとは限らない。野次どころか、同情されることもある。寡黙で有名？　な〝隠れ自民〟の議員が初めての質問で、汗を拭き拭きやったのが同情を買っていた。

「一中の校庭のフェンスが低すぎるので、休み時間や放課後、野球のボールが外に飛び出して近所迷惑になっている。なんとか考えて貰えないか。」

一中の校庭に隣接している民地はその議員の経営する種苗園だけだ。だから、自分の商売のことを言っているのはだれにでも分かることから、大爆笑になった。

種苗園に並べてある植木鉢に相当な被害が出ていることが分かったときには、応援の大合唱が起こった。「早くフェンスを高くしてやれー。」

お礼の意味なのか、周囲にぺこぺこ頭を下げて着席したが、この議員（故人）の任期中の発言はこの一回で終わりとなった。何のために議員になっていたのか分からないが、憎めない人だった。

口実だった環境保護

狭山丘陵の麓に位置する地区に総合病院の建設計画が持ち上がったが、地元自治会と医師会、それに議会の反共産党グループの猛反対であっさりと計画断念となった。

反対の理由は調整区域の自然を破壊するというもっともなものと、市内のベット数は充足されているという医師会の主張が表向きのものだったが、実は、この病院は共産党系の経営ということで、自民・公明・民社の議員が市にプレッシャーをかけていたのである。

一方の市は態度を決められずに成り行きを見ているだけ。

「市の基本構想には総合病院の誘致の方針があるが、成り行きを見ているだけでは無責任ではないか」と指摘すると、いともあっさりと、「今後は気をつけたい」と言うだけ。

病院側は計画を断念したが、治まらないのが共産党だった。議員団ニュースで「自・公・民がつぶした」と書き、一方の公明・民社の議員は「事実無根」と言い争っていた。共産党議員団の言い分は客観的に正しいが、「自・公・民がつぶした」と公式に証明することはできないのだから、水掛け論に終始する。共産党も結構感情的なところがあり、噂を書いて批判するから、わたしから見るとどっちもどっちというやり方だった。

この一件は反共産に凝り固まった連中が共産党憎しでやったのだろうが、いただけないのは病院つぶしの先頭にいた地元の民社党の古参議員だった。それから三年後の議会運営委員会で、議長会主催のゴルフ大会の参加者に補助金をくれと言い出した。わたしが「やりたい人は自分の金でやってくれ」と言うと、この挑発に乗ってきた。

「市内にもゴルフ場の一つくらいあってもいい。」

「こんな狭い（十五平方キロ）市内に適当な場所はないよ。」

わたしが反論すると、ムキになって、

「狭山丘陵に作ればいい。」

狭山丘陵は市の基本構想でも「保全に努める」と決定している都民の貴重な自然公園である。三年ほど前は自然保護を口にして丘陵の麓の病院に反対した男が、趣味のゴルフのためにはこんなことを口にする。このあきれたご仁、社会党、民社党、自民党と渡り歩いた後、公明党推薦の市長候補を応援して除名され、落選でこの世界から追放？　となった。

自然保護と開発

狭山丘陵の麓の一角にあるカタクリ、ヤマユリなどの自生地を盗掘から守るため、市は道路拡幅工事の山側の歩道設置工事を十年ほど見合わせる結論を出した。これは「自然に学ぶ会」の要望に沿ったもので、市の広報担当も得々と記者クラブで発表していたが、これが議会への報告となると違う理由がついているからややこしくなる。

報告には自然環境保護の説明はどこにもなく、あくまでも後の道路整備を前提としている。報告のあった後の市議会の一般質問でも、その地域の保守系議員が、「カタクリ保護のために道路幅が一部狭くなると聞いたが、（道を通る人の）人命尊重から、当初計画通りの幅員確保を…」と要求し、市長は「設置を検討する」と答えていた。

環境保護の声が出ると反発し、必ず開発を叫ぶのがこの国の保守系議員。保守なんだから、古き良きものは守ってほしいものだが、この地でも市が保全に努めるとしている狭山丘陵に埼玉県側から縦貫道路をぶち抜こうとしたり、ろくな発想がないのが情けない。

バッジとネクタイを強要

各地の議会でネクタイとバッジの着用を巡って騒ぎが起きることがあるが、なんと、わが市議会でも起こりそうになったが、わたしが議長を一喝して事なきを得た。

新人の環境派の議員でわたしと会派を組んだのが辻松範昌議員。最初からネクタイもバッジもつけていないのは本人の信条だが、たまたま、汚水漏れで悪名高い三多摩地域の最終処分場の組合議員として市議会から一人選ばれていたが、その処分場組合の汚水漏れ批判の議員の一人だったせいか、組合議会でいじめられているらしいことは聞いていたので「何かあったら守るから」と激励していたのだが、わが市の議長がある時、わたしにとんでもないことを言ってきた。

「ふくおさんよ、辻松議員のことなんだけど、組合議会にネクタイもしないで出て行くので注意してほしいと昭島市の議長に言われたんだが……」

「余計なお世話だ。俺だって同じじゃないか。」

「だって、よそへ行くんだからネクタイくらいは……」

「どんな服装だって、よその議会の議長に言われることはないだろう。」

「だって、議員バッジもつけてないと言われてるんで……、それに、組合議会には市を代表して行ってるんだから、バッジくらいつけてもらわなけりゃあ。」

「おい、組合議員は市議会から選ばれてるが、市を代表しているわけじゃあないからなぁ。おい、俺に対してネクタイしろとかバッジをつけろと言えるのか?」

「いや、ふくおさんには言えねぇよ」

「それなら、新人にだって余計なことは言うな。」

これでしゅんとなって離れて行った。わたしがいなければ、バッジとネクタイをつけない議員を会議から排除した青森県・三沢市議会並みの恐ろしい議会になる恐れがある。

この市の〝隠れ自民〟の連中は、飲みに行くにも私的な旅行にも必ず議員バッジを行儀良く?襟につけているから、わたしや辻松議員が行儀悪く見えるようである。

こんな市民派なんて

環境団体からの陳情に、「衛生組合の情報公開と市独自の大気、土壌のダイオキシンの検査等を求める陳情」があった。委員会で反対したのは自称「ごみおばさん」「普通のおばさん」の善家裕子議員だけだったので、「なんで?」と周囲を驚かせ、怒らせ、あきれさせた。

全国的に悪名を馳せた東京・日の出町の最終処分場の「データ隠しに反対し……」の陳情にも同議員が反対して委員会で一票差で不採択になった後、ごみ問題や環境保護に取り組んでいるグループのビラに痛烈に批判されていた。自ら「ごみおばさん」「普通のおばさん」と称し、ごみの専門家のような態度でいる議員だから、多少の期待があったのだろう。最終処分場のデータ隠しに加担する態度が許せなかったのは当然で、ビラには「こういう議員を支持した人にも責任がある。問い合わせて抗議してほしい」と激しいものだった。批判されたので態度を変え、次の定例会では賛成に転じたのだから、自分で考える能力が備わっていないのか? 次々と問題を起こしていった。

「住専処理法に反対する意見書」でも税金導入に賛成の立場だった。与党意識が強く、なんでもかんでも行政の立場に立って市民要望を切り捨てるのが議員の仕事と勘違いしているようである。わたしが市財政の状況を放置しておけないと多数会派を説得し、「行財政改革に関する決議」をまとめ、不急・不要の総合体育館の建設凍結を求めた時はそれに反対し、市長が決議を尊重して体育館の凍結に踏み切ったときには、それを評価していた。

「消費税の税率引上げ中止を求める意見書」にも反対に回ったことから、わたしが「それでも市民派?」と「議会通信」でチクリと批判したところ、次の定例議会の同趣旨の意見書では賛成に転向? してくれたから、それはそれで良かったが、頭脳の構造がどうなっているのか? しばしば同じ会派の代表を困らせていた。

この議員の〝超常識〟ぶりの圧巻は、市長選挙に落選した人に「あなたを支持していましたが、あなたは当選すると思って相手候補に入れました。申し訳ありません。でも、相手が当選したのですから、育ててやってください」と手紙を出した一件である。同趣旨の葉書がわたし宛てにもきた。再起を計るかもしれない落選者に対する残酷さに気づいていないことがこの人の不幸なところである。

選挙の看板に「無所属・市民派」と書いてあった記憶があるので、「こんな市民派なんて」と批判したところ、同議員の地域の人に、「選挙中になぜか看板の『市民派』の文字を消したんですよ」と教えられ、「なるほど」と思い当たった。

この議員のルール違反に引っ掻き回されては指導しているのが、最近のわが市議会である。

第五章　疑問だらけの行政

議員の息子を情実採用？

「市内のM地区に住む者です。名前は言えませんが、ちょっと話を聞いていただけるでしょうか。」

「はあ、どのようなことでしょう。」

電話の話では、M地区の古参議員の息子が超難関の市役所の試験に合格して採用された。同じ地域からの受験者は大勢いたが、一人も合格していない。しかも、高卒の中途採用で中学校時代から勉強の出来が悪かったのにと、近所で批判が出ている。議員の息子だからと有利に扱われているのではないか？　調査してほしい、というものだった。この種の苦情には対応が難しい。まず、試験の成績は個人情報に当たるので非公開であるし、議員の家族にも受験の権利はある。そのうえ匿名では回答できないので、以上の三点を説明した。わたしの「議会通信」を読んでいる人のようなので、採用試験の状況を調べて「議会通信」に載せるので、それを回答としてもらうことにした。

総務部に指示し、その職員が応募した年の応募と採用状況の調査をしてみたところ、やはり、おかしな数字が示されていた。情実が入り込む余地がないとは言えないが、あったと証明するのは至難の技である。だが、これではだれが見ても特別扱いと勘繰るだろう。しかも、実力で採用された他の職員の立場を考えると慎重にならなければならないので、事実関係だけを公表した。

		応募者数	採用数
大学卒	市内	二九	六
	市外	一一三	六
短大卒	市内	一〇	二
	市外	四一	三
高校卒	市内	一八	※一
	市外	四九	〇

大卒には採用辞退者がいたが、応募と採用の人数で見る限り、市内在住者に優秀な人材が多いのか？ 情実か？ 調査依頼の議員の息子は高卒の応募者の六七人中ただ一人の合格者（※印）だった。噂が出るのは仕方なしか……。

業者のリベートで役人接待

「一九六〇年代から、市の建設課ぐるみで市と関係のある設計業者二社から設計・管理委託料の数%から一〇%をリベートとして受け取り、建設課の幹部名義の預金通帳に入れ、これを裏金にして、防衛施設庁関係者を接待したり盆暮れの付け届けなどに使っていた。」

この情報に接し、当時の設計と管理委託の実態を調査したところ、情報を裏付けるかのように特定の二社への発注件数が不自然なくらいに多く、リベートは多い年で年間百万円前後と推定された。

状況証拠だけでは追及が難しい。そこで建設畑に勤務したことのある当時の複数の職員をひそかに控室に読んで誘導尋問してみたところ、録音装置をセットしてあるとも知らずに、案外あっけらかんと事実関係の一部を認めた。

「接待の予算がないのに、かなり派手にやっていたのでおかしいとは思っていました。」

「盆暮れの届け物を届けに行った記憶があります。そう言われてみれば、予算の裏付けはなかったから……、おかしいですね。」

「幹部名義の銀行通帳を見たことがある。」

当時は、立川、横田の両基地周辺の自治体で公共事業の防音工事の補助金獲得競争が激しかったと言われていたので、現在までずっと続いているのでは問題がある。

面白い話だが、断定的に追及するわけにもいかないが、牽制の意味で予算委員会で取り上げておいた。

総務部長は「わたしの知る限りでは接待行政はないが、重大な問題なので、真相を解明したい」と述べたが、それ以後、調査した形跡はない。

公文書が公開されるので調査したところ、予算書の中に「消耗器材」として御土産代を組んであった。市と関係のある省庁はたくさんあるのに、このような形の予算措置は防衛施設庁関係だけというおかしな処理になっていた。この事実を見れば、昔はあったのだろうなあ、という疑惑の匂いは残っている。

公務員の悲しき習性

議会事務局にMという管理職がいた。露骨なもみ手体質だが、本人が思うほどには効果は上がらず、重用されることもなく定年退職していった。そのMの言動を最大限逆用して議会に一つの慣例を確立したことがあるが、それが後の市長退陣劇につながっていったとは、いまだにだれ一人として気づいていない。

定例議会が近づいたときに図書室にいると、必ずMが入ってきた。何気ない素振りでわたしに近づき「何をお調べですか」とくる。手元をのぞき込まれるのは不愉快だ。だまって本の表紙を見せてやると、ちらっと見て、何も言わずに立ち去って行く。一両日中に、市長周辺に「ふくお議員が○○を調べている」との情報が届くようだ。Mはこのようにわたしに見透かされているとも知らずに、時の市長のアンテナ役を続けていた。

そのMのもみ手体質を逆利用して確立した議会の慣例とは、議会運営委員会の申し合わせ事項の中に次のように明記されている。「議事日程は、その会期中、その日ごとに作成し、議決に至らなかった案件は、次回の議事日程の首位に記載する」。これが後に予想外の効果を発揮して市長の首が飛んでしまった。

要するに「予定していた日程を消化することができなかったから、日程を変更して一時棚上げし、他の議案を先議しよう」というのが不可能な約束事で、たったこれだけで市長の首がふっ飛ぶことになったのだから、この仕掛けは恐ろしいものだった。

某年某月某日、わたしの質疑に対する答弁が手間取り、予定が大幅に遅れたまま定刻の四時半に延会となった。議員は三三五五議場を出て行くが、市長席の周辺に幹部連中が集まり何事か相談している。神経を研ぎ澄ませてそばを通りすぎたわたしの耳に、総務部長の「補正予算を先にあげてもらわないと困るんです」と言う声が聞こえた。「ははん、明日の日程を変更して補正予算を先に議決してほしいということだな」と受け止め、対策を立てることにした。書類を控室に置き、すぐに、わざと議会事務局側のドアから図書室に入った。後を追うようにMが近づいてきた。書棚に目をやっていると、「何をお探しですか」といつものクセ。

「ええ、議事日程について解説した参考書がないか探してたんですが、ないようだね。ところで、議事日程の編成権は議長にあるんだろうね。」

「はい、そうです。議長の権限です。」

「そうですか、じゃあ、いいですよ、参考書もないようだし、帰ろう。」

図書室にある国会の先例集に「議了しなかった日程事項は翌日先議する」とあるのを承知していたので、何も知らないように振る舞い、独り言を言いながら、すっとぼけて図書室を出てきた。Mはまんまとその演技に引っ掛かった。

市長室では市長と総務部長の前に座った議長とMが、予定通りに議了しなかった補正予算を明日の最初に持っていくよう要求され、命令とでも受け止めて受け入れたようだ。なにしろ、時の議長は「議会は市長の付属機関で、自分は市長の子分でその指揮下にある」と思い込んでいる人だったし、Mも同程度の職員だから、なんの疑問も持たずに、「はい、そのようにします」と約束してしまったのだろう。

翌朝の本会議場の議席には、前日の日程を変更した、補正予算案を最初に記載した日程表が置かれていた。わたしは開会前に議会運営委員会を要求し、そこで議長を締め上げた。

「議長に聞くが、なぜ、日程の順序を変えたのか」

「はあ、補正予算を先に議決してくれと、市長に頼まれたので……」

「そんなことは関係ない。議長は議会本位に考えればいいのだ。どうしていつもと違うことをやるのか」

「日程編成権は議長にあると職員に言われたし、市長にも頼まれたので……」

全部を言わせずに、わたしがぴしゃりと言い放った。

「議長はどちらを見ているのか。僕の質疑はまだ終わっていないんだ。国会の先例だって『議了しなかった日程事項は翌日先議する』となっている。昨日の日程を続けなさい。」

職員のMから「日程編成権は議長権限」と聞かされていた議長は、わたしから、まるで隠し球のように国会の先例を持ち出され、すっかり虚を突かれたのか、Mと顔を見合わせるだけで言葉が出てこない。他の委員が沈黙している中で共産党の委員が「ふくおさんの言うとおりだ。昨日の続きを続けよう」と言い、反対意見もなくわたしの主張が確認され、後日「申し合わせ事項」に文章化して追加された。こうして、半ば強引に申し合わせた確認事項が、まもなく威力を発揮する機会がやってきた。

一九八二年三月議会は冒頭から、市民会館建築をめぐる違法事務をわたしが暴露・追及し、市長は答弁不能に陥り議会は出口の見えない空転が続いていた。動かぬ証拠を次々と掲げてわたしが厳しい質問を連発し、そのたびに市側が答弁に詰まってしまう。答弁不能による空転一週間で重要案件はすべて自動的に人質状態になってしまった。こうして年度末だというのに、申し合わせ事項が足枷となり日程変更もままならず、全議案が廃案となる恐れが出てきた中で、市長は全議案の議了を条件に引責辞任した。

議会運営は全会一致制を採っているので、一旦確認した以上は多数決で変更することはできない。わたしの執拗な質疑を封じ込めようとしたのが逆作用となって一つの確認事項が追加され、その重みによって市長が辞任に追い込まれたとは、いまだにだれ一人として気づいていない。初当選以来、少数派に有利に働くように着実に積み上げてきた議会運営上の申し合わせや慣例が、わたしの最大の武器となっているのだから、自分でも恐ろしい男だと思うことがある。

市営住宅の駐車場は来客用

市営住宅の建て替え計画で漫画のような滑稽な事務があった。これも行政の一断面である。

工事の配置図には、二棟十戸分の敷地の中に五台分の駐車場の敷地がある。面積は百二十八㎡だから、実際には七台程度駐車が可能である。説明の中で総務部長がわざわざ「来客用の五台分の駐車場」と言うから、「入居者の分はどうするのか」とわたしが質問した。そこで明らかになったのは「公営住宅法には入居者の駐車場は国や東京都の補助対象にならないので設けることはできない。しかし、市の開発指導要綱によって、戸数の半分の五台分の駐車場を設ける必要がある」と言う。

開発指導要綱には強制力はないが、開発業者にはほぼ強制的にこれを守るようにお願いしている市の立場上、市営住宅の建て替えでこの規定を無視することはできない。まるで絵に描いたような自縄自縛に陥ってしまい、苦肉の策として駐車場の用地を確保した上で、来客用の駐車場と称することにしたようである。

「入居者の駐車場は他に求めてもらう」と答弁するが「目の前にある駐車場を、使用してはいけないとは言えないだろう。それとも、十戸に対して七台も止められるスペースをいつ来るか分からない来客のために、常時、わざわざ空けておくのか?」と追い討ち。

すると、そのやり取りに割り込んできた社会党の内田英夫議員が「市営住宅条例があるのだから、入居者がそこに駐車したら、条例違反で住宅の明け渡しを求めたらいい」ときた。こんなのをなんと言うのか? 今のところ表現する言葉が見当たらない。

市側が少しの間検討の時間が欲しいと言うのでその日は終わった。以後、内部会議でない知恵を絞りだして決めたのが「来客用駐車場」の名称を変更して「自動車保管場所」として条例で使用料を定めて入居者に貸し、運用する方法だった。まさしく漫画である。

減免制度は宝の持ち腐れ

保育料の減免制度を設けながら、その規則の存在を十九年にわたって市民に知らせることがなく、文字通りの宝の持ち腐れになっていた。まさに、お役所仕事の最たる物で、某年三月議会を前にしてわたしが一般質問の通告をした段階で大きな話題となり、毎日新聞が全国版に報じたので、同じ制度を持っている他の自治体に飛び火していった。

市の保育所措置費徴収規則の減額基準では、階層区分に基づき十五の条件が細かく定められ、「生活保護の適用を受けたとき」「その世帯の収入額が生活保護法基準に満たないとき」あるいは、年間に「三万円以上の災害を受けた」「世帯員が増加した」「一万五千円以上の医療費の支出があった」等々が対象となり、基準表の最後には市長の裁量で柔軟に対応可能なことまで定めてあるのに、市民に知らされていなかったとは、ひどい話である。

規則制定時に公告手続きはなされてはいるが、この手続きとは、市役所敷地内にある公告板のガラス戸越しに、その規則を画鋲で止めて何日間か掲示しておくだけで、たとえだれ一人としてそれを見なかったとしても、法律的には関係者に知らせたことになっているのだから、職員の過失を問うことはできないが、それ以上に何もやらないのが「お役所仕事」というものである。保育園児の保護者はだれもが、保育料に減額制度があることを知らないのだから、まさに、宝の持ち腐れである。

わたしに質問通告書を突きつけられ、新聞の社会面で「宝の持ち腐れ十九年」と批判されては言い訳の理由は思い浮かばず、市長は全面的に非を認めて本会議で陳謝した。

質問に際しては質問通告から時間が経っていたのと、新年度でもあり、すでに入園通知書に減免制度の周知文を同封していたし、新しくこの制度を知った関係者が減額の遡及申請した場合は、地方自治法第二三六条の「金銭債権の消滅時効」の規定により、五年間の遡及申請を認めるというので、すんなりと矛を収めておいた。

ある管理職が「職員は反省しなければなりませんが、それにしても良く気がつきますねぇ」とあきれた顔をしていたので、「うん、職員が惰性で仕事をしていると、折角の制度も眠ったままになってしまうという典型だね」と言い聞かせておいた。

地位利用の土地取得の疑い

人事異動の時期でもないのに管理職の一人が突然、都市計画課長から選挙管理委員会事務局に異動になったことから「何か問題があったのか?」との噂が広がった。無駄骨を覚悟で早速調査してみたところ、興味ある事実が浮かんできた。

くだんの管理職が都市計画課長に在任中の一年前の春、市街化区域に隣接している調整区域内の分譲地を購入したことで地位利用の疑いが出ていることがわかったのである。都市計画課長は用途地域の線引きの見直しを東京都と協議する立場にあり、その土地の購入時は、地元などから市に提出された要望や陳情を東京都に上げて協議対象にしていた時期であった。

むくむくと好奇心がもたげてきて、立川法務局に出かけて土地台帳から購入者を調べ出し、全員に購入の動機を聞く手紙を出してみたところ、回答のあった数人の手紙には「分譲地は市街化区域に隣接していてただちに宅地として利用が可能なこと。市街化区域に編入されれば、地価が三倍に上がること。市の都市計画課長が買ったから、来年の見直しで市街化区域になるだろう」と業者に勧誘されたのが購入の動機だと書いてあった。

準備万端整え、一般質問で取り上げた。

当の職員が事前に分譲業者と接触していた疑いをあげ、購入者の言い分を取り上げ、職員がその地位を利用して分譲地を市街化区域に編入させて一儲けをしようと狙ったものではないかと追及した。市長と部長はあっさりとその疑いを認めた。

市長は「異動させたのは、市民の誤解を招かないようにしたものだ」。部長は「職務上問題があるので、当時、解約して貰えないかと話したが、聞いて貰えなかった。本人は現在も反省していない」

管理職のモラルの低さを突くと、「不祥事が続くので、再教育に真剣に取り組みたい。この件も調査機関を作り、処分を検討したい」と答えたが、議会で取り上げられてから思いつきで言ったところで、禄な調査ができるわけはない。後日、公務員法によらない口頭での厳重注意でお茶を濁したようである。

市民を犯罪者なみに呼ぶ

テレビ・ラジオのニュースや新聞が犯罪事件の容疑者を報じるとき、たとえば「……ような男一人、女二人」と言い、決して「……ような男性一人、女性二人」とは言わない。放送関係の約束事があるのかもしれないが、こんな言い方をされて愉快な人はいない。

選挙の投票所で受付の職員が、本人持参の入場券と手元の帳簿とを比較して確認する作業で、本人のすぐ前で「○○○番の○○、男（女）」とやっているのは、わたしにとっても不愉快なことだった。

予算委員会でこの件に触れ「まるで何かの犯罪の犯人か容疑者の確認のようで不愉快だ。確認するのなら『女性・男性』でいいのではないか」と指摘したところ、早速改められたから、鈍感な職員はともかくとして、だれもが当然と思える指摘だったのだろう。

同じようなこととも言えないが、患者を呼ぶときに「○○科におかかりの△△さん」と呼ぶのが気になっていた、行きつけの公立の総合病院の窓口の呼び出し放送の方法を質問した。百人以上も座って待っているロビーは会計や薬局のカウンターの方を向いている。皆、まだ呼ばれないかと待っているのだから、呼ばれた人がカウンターに向かう後ろ姿には多くの人の視線が集まっている。

喘息の持病で通院しているわたしは、選挙のたびに口コミで「本人は喘息と言ってるが、悪い病気のようだよ。もしかして、悪性の……」とやられている。だれにも自分の病名や診察科目を知られたくない気持ちがあるはずだ。プライバシー感覚には個人差があるものだが、わたしが嫌なものは他人も嫌なはずだと考え、「当市も経営に関わっている公立××病院の窓口放送は、患者の名前だけでなく診療科目まで呼ぶので、病名を他人に知られたくないと思う人や、病気を推察されるのも嫌な人には不快だろう。名前を呼ぶだけで良いのではないかと病院側に伝えよ」と要求した。

一週間ほど後で薬を貰いにいってみたら、もう呼びかたが変わっていたので嬉しかった。「ふくおひろしさん、ふくおひろしさん」と放送があり、会計のカウンターの前に立つと、事務員は会計伝票を見ながら小声で「呼吸器科のふくおひろしさんでしょうか」と確認があり、料金の精算をした。すぐに改められるということは、言われたほうも「なるほど……」と受け止める、至極当然な指摘だったのだろう。

第六章　親方日の丸の体質

飲用不適の飲用水に公金

市が震災発生時の飲料水確保のため指定している六十一か所の井戸のうち、九割以上が水質検査で飲用不適となっていることが、わたしの調査で明らかになった。一般質問で取り上げたが、市長はこの事実の報告すら受けていないと言った。数年前から最悪の状態が分かっていながら、無策のまま惰性で予算を執行していたとは市民不在である。

市は一九七八年以来、災害発生時の飲用水の確保のため、井戸を所有する市内約六十軒の家庭と委託契約を結び、管理料として一軒当たり年間三千円を支出している。飲用水として確保してあるのだから、厚生省令で水道法水質基準に適合するか否かの水質検査の実施を義務づけられており、年間に約八十万円の水質検査委託料がかかる。この五年間の検査結果では、不適合とされた井戸の検査結果の一例を見ると、検出されてはいけない大腸菌が検出され、一般細菌が基準値の三十八倍にも達している。

O《オー》－157が猛威を振るっていた夏だからこそ、もしかしたらと考えた一議員に過ぎないわたしが調査したのに、市は数年前から飲用不適の実態を把握しながらなんの対策も講じていなかった。市長は職員に責任を押しつけようとしているのか、わたしの調査があるまで検査結果を知らなかったと言った。内部の事務執行体制については何も感じていないようである。

災害は忘れたころにやってくるとの例えがある。わが市には大きな山崩れも大洪水が予想される河川がないのと、過去にさかのぼってもまち全体が災害で壊滅的な打撃を受けたことはないようだが、だからといって、ただ漫然と前年どおりに予算を組み、それを執行しているだけではお粗末をとおり越している。こんなことの繰り返しだから、世間に「役所仕事」の用語を「無責任」の代わりに使われ、公務員の信用失墜につながっていくのではないか。行革だリストラだと念仏のように抽象的に唱える前に、意識改革が必要である。

し尿汲み取り業者に収入保証

下水道の整備でトイレの水洗化が進み、し尿収集量がこの十七年間に五分の一以下に減少しているのに、汲み取り業者に支払う委託料が十七年前からほとんど変わっていないことが、これもわたしの調査で明らかになった。

七五年に制定の特別措置法で、各自治体が汲み取り業者に代替の仕事か補償金を与える措置を行い、市は七八年にその措置が終わったとしているが、その後も業者に支払う収集委託料が一向に減っていない。それは、市が「措置は終わった」としているのに対し、業者側は「終わっていない」と主張。そのうえ両者間に念書も存在せず、決着済みを証明するものがないので、打開策を見いだせない市が業者を減らすこともできずに、漫然と、特別料金で業者の収入を保証していたという。このままでは、処理量が限りなく0に近くなっても年間千五百万円以上も支払い続けることになる。

即刻、二業者を一業者にしてムダ金の支出をやめることが必要である。それとも、業者の言い分が正しいのなら、特別措置法に基づく決着が必要で、何もせずに放置しているのは、文字通り税金をドブに捨てるに等しいムダである。ムダであると同時に著しく社会正義に反している。「裏に何か?」などと勘繰りたくないが、市役所がケチケチ作戦で経費節減に努めている裏で、こんな矛盾に満ちた怠慢で年間に千五百万円前後のムダ金を支出していては納税者の理解は得られるものではない。

わたしの追及に対し担当部長は、「決着を証明する書類が存在しないので……」と問題の先送りを企んだが、「役所の事務はすべて、文書の起案から始まっている。何もないわけはないだろう。公文書を一時的にでも隠すと、刑法の公文書毀損の罪に問われるのを知っているのか」と凄んでみせると、本会議を休憩にして書類を探すふりをして、「申し訳ありません。ありました」となった。

解決する気がないのなら、そろそろ監査請求に踏み切ろうかと考えていたところ、議会で問題になったとして業者と交渉してやっと解決に漕ぎ着けたが、ここでも取り上げたわたしが既得権を犯したように業者に非難された。

市長が使った食糧費の公開拒否

情報公開制度を曲解して、わたしの資料要求に「いやいや」した若い志志田新市長に、議会が全会一致の指導文書を突きつけて考え違いを諭したことがあった。その指導のための議会運営委員会の確認文書は次の通りである。

一、交際費の資料は、かつて伝票も含め議員個人（富久尾）に提出された経過があり、今回拒否する理由は見当たらない。

二、食糧費について、官官接待などの資料の公開は、裁判例も、公務員が出席した部分の資料公開については、職務上のものであり、プライバシーには当たらないというのが最近の動向だ。

三、武蔵村山市公文書公開条例は公開できない場合について、「明らかに」「著しく」などの文言により、非公開に縛りがかけられ、原則公開である。非公開を理由として公開できないとすれば、合理的な理由を明示すべきである。

四、行政執行を批判し、監視するのは議会の重要な権能であり、審議・審査に当たっては、様々な資料の要求が認められるべきである。したがって、議会・議員からの要求資料については、公文書公開条例による公開度のレベルと同じでなければならない。

市議会は予算・決算の前に各会派の要求を取りまとめ、議長名で提出を求めることになっている。

提出させた食糧費の伝票の一部

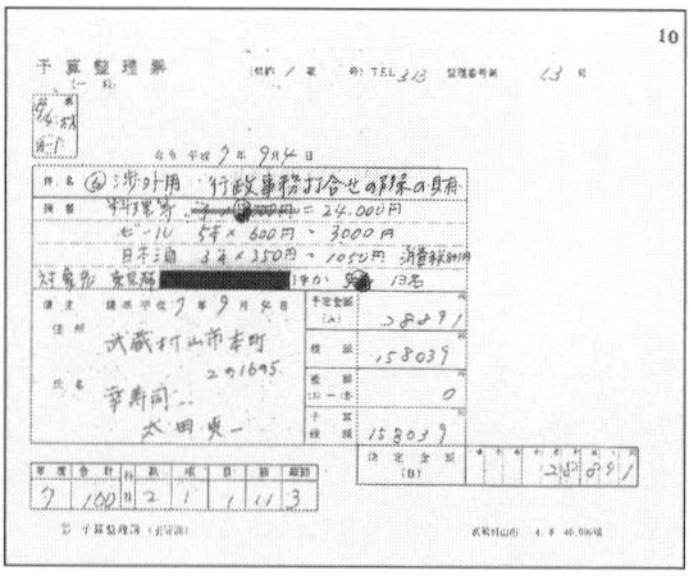
10
予算整理票
件名 ⑥渉外用 行政事務打合せの際の負担
ビール 5本×600円＝3000円
日本酒 3本×350円＝1050円
対象者 [redacted] 13名
平成7年9月4日
武蔵村山市本町
(A) 28291
(B) 28291

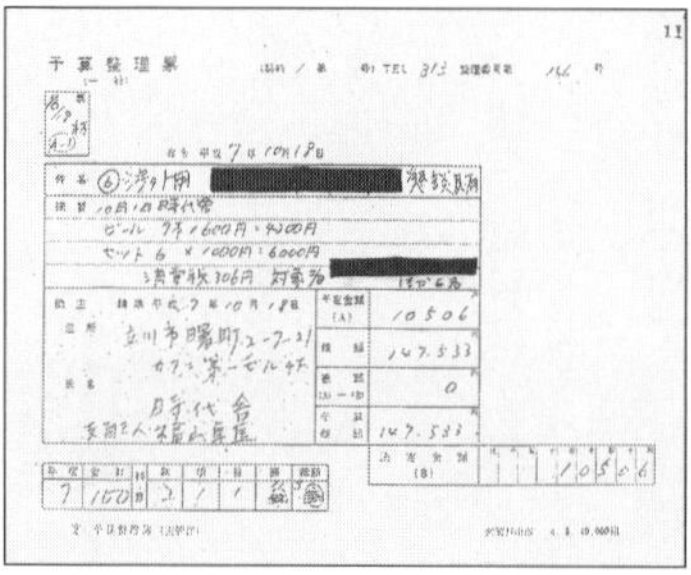
11
予算整理票
平成7年10月18日
件名 ⑥渉外用 [redacted]
ビール 7本×600円＝4200円
セット 6×1000円＝6000円
消費税306円 対象者 [redacted]
立川市曙町2-7-21
(A) 10506
(B) 10506

個人の要求にも同じ扱いが約束されていたのに、全国最年少と注目を集めた新市長が制度も慣例も知らずに、感情だけでだだっこのように提出を「いやいや」してはただで済む話ではない。

日常的にわたしの調査活動を快く思っていないのか、わざと提出を遅らせるような児戯に類するようなことを平気でやっていた市長だが、交際費や食糧費の自身に関係のある部分だけは提出を拒否するのは小学生並みの醜態というものである。各地で官官接待等の不祥事が起き話題となっている時期だからこそ、問題点の有無をチェックして納税者の前に明らかにするのは議会側の仕事で、それを妨害するのは許されるはずはなかった。与党ですら「ふざけるな」と議会が全会一致で文書で指導して提出させたが（上掲）、それ以来問題を起こしていないから、多分、骨身にしみたのだろう。

市の制度を知らない部長職

インフルエンザの予防接種の実態を調査するため、七点の資料を要求した。医師会との契約書や予防接種実施要綱はすぐ提出されたが、予算要求書は次の理由で文書で提出を拒否された。

「予算要求書は各所管の概算要求書でもあり調整という行為をもって市としての意思決定がなされていくものであります。したがいまして意思形成に係る手続きの途上において作成される当該予算要求書についての資料要求については差し控えさせていただきたい。」

一読して、かっときた。すぐに電話で担当部長に抗議した。

「予算要求書は個人要求で何回も提出してもらっている。市の公文書公開条例は意思形成過程の書類も公開の対象だ。いつから変わったのか。」

「はっ、検討してみたんですが、工事関係の予算要求書には公開できない部分もありますので、この際、すべてに網をかけておいたほうがいいという意見があったものですから……」

「だれがそんなことを決めたんだっ。それじゃあ、『原則非公開』というものだ。わが市の公文書は公開が原則なんだっ。すぐ出しなさい。」

「はッ、すぐ検討します。」

こんなやり取りの後、どうにも腹の虫が治まらないので助役に電話して事情を話し、直接抗議した。「わが市の公文書公開条例は他市との比較で高い評価を受けているのに、管理職にも条例の原則公開の精神が徹底していないのは問題だから、本会議で追及する。」

「いや、それは勘弁してください。わたしのほうできちんと指導しますから。」

慌てて指示したようで、資料はすぐに届けられた。その後、助役から「部課長会で一時間半ほどかけてきちんと徹底しました」と報告があったが、市の制度を知らない管理職が多いのは困ったものである。

選管委員長を〝更迭〟

再選されて一年も経っていない選管委員長が、突然辞任して波紋を広げた。辞任の理由は「一身上の都合」となっていたが、市内と庁内のもっぱらの噂は、時の市長の横車というものだった。選管の事務局長に話を聞きにいったときも、噂を上げてわたしが質問しているのに対し、否定も肯定もしない形で噂を認めていた。

事の発端は、公職選挙法の改正に伴う市長の事務所の看板の届出を怠っていたことだった。届出がないことから選挙管理委員会が看板の撤去命令を出したのだが、それが気に食わないと逆に文句を言われ、責任を取ったのか、おもしろくないからか、「一身上の都合」となったようである。

これがこのまちの問題処理の方法と言ってしまうのは簡単だが、どこでも同じようなことをやっている。住民が税金の使い方が違法だと監査請求をしても、受け取った職員はすぐコピーして市長部局の管理職に「大変です。こんな物（措置請求書）が出ました」と走っていく。決して住民の立場に立って職務を遂行しようとはしないものである。監査委員もほぼ例外なく、長の防波堤役に徹しようとする。地方自治法の百九十六条の規定で監査委員は地方公共団体の長が、議会の同意を得て選任することになっているので、何か事件が生じた場合に防波堤としての役割を果たさない者は確実に再任の道はなくなる。

教育委員にしても地方教育行政の組織及び運営に関する法律の第四条で地方公共団体の長が議会

の同意を得て任命するとなっているのだから、長の意に沿わないものは任期満了で「はい、それまで」となる。教育委員会には予算の提案権もないところから、市長の言いなりになっている。

このように、監査委員も教育委員ももみ手とごますりで市長の立場を守ろうとする。時の権力者に迎合するところから不正・腐敗がはびこるようになるのである。議会もその例に漏れず、問題が生じた場合でも、多数与党は真相の究明よりも市長の立場を擁護する姿勢をみせ、結果として納税者は忘れ去られているのである。

洗剤から石鹸に切り替え

「産業祭りの際、市役所は他の団体と共催で消費者展を開き、その中で洗剤の毒性を説明しながら、家庭での石鹸の使用を呼びかけていた。大変結構なことだが、その反面、市役所の中で洗剤を使っているのは筋が通らないのではないか。」

この質問に逆らうのは難しい。早速、すべての公共施設での切り替えを約束させる成果となったのは言うまでもない。洗剤では次のような決着もあった。

第一給食センターの食器洗浄機で洗剤を使用していたころ、石鹸に切り替えるよう要求したが、「やってみたが洗浄機に石鹸は合わなかった」と答弁があった数か月後、教育委員会の部長職がやってきた。その説明によると、

「今回の職員の異動で給食センターの所長が交替しました。新所長が早速、石鹸で使用テストをし

たところ、現在の食器洗浄機でも使用可能なので切り替えた、と報告がありました。ところで、新旧職員の立場がありますので、ご配慮を……」

ということだった。

改善したのだから、前任の所長を批判しないでやってほしいとの上司としての思いやりだった。よい結果をみたので、「分かりました」と言って一件落着としておいたが、公務員の多くは市民の利益よりも前任者の立場を優先して考える習性を持っているようである。

公金を親睦団体に違法交付

保険会社から市に支払われた団体保険の事務手数料約百万円が、市の歳入（収入）に計上されずにストレートに職員親睦団体に交付されていた。「違法だ」と言うわたしの質問に市側はあっさりと事実関係を認め、「今後は改める」となったが、あまりに簡単な態度変更に、承知の上でやっていた疑いを持ったものである。

職員の給料からの各種の金の引き落としは職員課の事務分掌（仕事）として決まっている。つまり、公務に対する事務手数料なのだから、地方自治法の規定を見るまでもなく、公金である。

監査委員に措置請求書を出したところ、それに驚いた市長は、次の議会の補正予算に約百六十二万円計上して合法的な会計処理をしたので、出してあった措置請求は取り下げたが、議員に指摘されない限り、惰性で事を運ぶ姿勢は一向に変わらないようである。

珍談の数々

①学問否定の教育委員

教育委員の選任議案で公明党のM議員、

「提案されている人は禅宗の坊さんだ。禅宗の教義は『学問は必要がない』ということになっている。そのような人を教育委員にするのはどんなものか。」

宗教の教義の面からの質問に、市長は虚を突かれて目をパチクリ、議場は爆笑に包まれた。公明党議員団は反対するのかと思ったのだが、全員揃って賛成した。

これとは別の教育委員の選任議案の際、時の市長の提案理由の説明、「わたしは会ったことがないが、立派な人です」。間髪を入れずにわたしの質問。「市長は会ったことがないのに、よく立派な人だと分かったね。」「………………」

これも爆笑を誘った。

②選挙管理で珍問・珍答二題

「今年の統一地方選挙で、ある企業が企業ぐるみ選挙をやったが、これは選挙違反ではないか。」

この質問に選挙管理委員会の事務局長は次のように答えた。

「ある企業に聞いてみましたが、そのような事実はないという返事でした。」

社会党議員の質問である。これを一般質問でやったのだが、何のためにやったのかさっぱり分からない。

八三年に施行の総選挙のために臨時発行した市報が新聞折り込みで入っていた。その一面の記事の中に「選挙公報は折り込みにしますから、新聞を購読していない方は公報補完ボックスを利用ください」として、公報補完ボックスの設置場所が載っていた。

わたしが本会議でこれを聞いた。

「新聞を購読していない方へのお知らせを新聞折り込みにしたのでは、目的を果たせないのではないか?」

議場のあちこちから、「そうだよ」の声とくすくす笑いが聞こえた。独り選挙管理委員会の事務局長だけが目をパチクリして絶句、周囲の職員に突つかれてやっと答弁に立ち、息も絶え絶えの小声で、

「頭を働かせたつもりでしたが、気がつきませんでした。申し訳ありません。」

仕事は駄目でも陳謝だけは場慣れしていて上手なものだった。

③公開できるマル秘文書

市有地の払い下げ価格が安すぎるので、「払い下げ要綱には『東京都の基準を準用する』となっている。その基準を提出せよ」とやったところ、「都ではマル秘扱いなので出せません」ときた。「出

せない」と言えば出させるのがわたしの流儀だし、逃げは許さない。「都がどのように言ったところで、準用と決めたのは市だ。われわれには払い下げ価格が妥当かどうか判断する審議権があるのだから、出しなさい。」

この要求に市長以下が別室で協議の後、渋々出してくるのだから、役人根性は困ったものである。議会側がどう出るか様子を見るための相手方のテクニックなら、無駄な浅知恵である。

この件でわたしが「払い下げ価格が安すぎるのではないか」とやっていたとき、珍しくわたしの指摘に同調した不動産業のＥ議員、「この三か月ほどでこの付近は六、七十倍に値が上がっている」と、真顔でやった。まさに、千三つ屋の面目躍如といったところ、最前列の本人には分からないが、他の議員は互いに顔を見合わせながら、「またやってるよ」とニタニタしているが、ヒナ壇の市長以下の連中は、おかしくても笑うわけにもいかずに下を向いていたのは気の毒だった。

④「不勉強で」の連発

消費税の導入時の集中的質問に市長の答弁、

「不勉強だが、不明確な点や不確実さがある。」

「四月一日から保育料が上がるのに施政方針に触れていない。市民無視では……」

この、わたしの質問には、

「ご指摘の通り、適切さを欠いていた。申し訳ない。」

天皇の戦争責任については、

「不勉強で良く分からない。」

偽装農地の課税逃れで、

「宅地並課税逃れの偽装農地が問題視され、マイホームを持てないサラリーマンにとどまらず、精農家からも不満の声が上がっている。都市近郊農業にはそれなりの役割があるのだから、それなりの助成も必要だが、偽装農地でのほほんと暮らしている輩を見逃しているのでは、著しく社会正義に反している」とやっていたとき、市長が「わが意を得たり」と思ったのだろうが、「わたしも（市役所に来る途中で）偽装農地を見ている」とやってしまった。公式の場で発言してしまっては見逃せない。「じゃあ、市長はどのように対応するのか?」と問い質すと、がっくりとうつむいてしまった。

「口は災いの元」の典型である。

⑤市長が作った伝説

野山北公園の入り口近くにある湧き水のそばに一本の立て札が立った。

千歳の泉　この丘陵の頂上は海抜約百五十メートルで、平坦地には古代（弥生時代）から先人が生活した跡が見られます。この湧き水は当時飲み水として使われた一つと伝えられています。武蔵村山市この立て札の内容に、「はてな、そんな言い伝えは聞いたことがないぞ」と首を傾げる古老が多いと聞き、決算委員会でやんわりと、「何によって確認したの？」と質問したところ、市長はいともあっさりと、「興味を引こうと思い立てたが、根拠はないのでなんなら、撤去してもいい」とかぶとを脱ぎ、質問の翌日には撤去してしまった。

立て札を見たある小学校の校長が卒業生一人一人に与える卒業証書に、「由来のある泉の水で墨をすって書き、卒業式で歴史を話して聞かせた」と新聞記事になっていたが、観光業者も顔負けのアイデアだったと知ったら、子供達になんと言い訳したか？　少々気の毒になった。

第七章　差別をどうする

女の選管委員長なんて

選挙管理委員の四人中三人が新人となり女性委員一人が続投となった。議事堂の廊下を歩きながら大きな声で「まさか、改選されたのが男ばかりで、残ったのが女だからって、女を委員長にするわけにゃぁいかねぇだろうなぁ」と話しながら歩いている声が聞こえてきた。これが公式発言だったら、いくら田舎議会といえども無事では済まない。

口にしたのは公明党のベテラン議員だったが、その直後にわざと「あなたの政党は五、六人当選させるだけの支持票があるのに、どうして男ばかりを出すのですか」と聞いたところ、平気な顔でただの一言「女が市会議員になるのはまだ少し早いからねぇ」。

それ以後はこの種の話をする気にはならなかったが、当の議員の奥さんがスーパーで万引きをして支持団体で問題になったとかで、まもなく引退させられ、地盤を引き継いで当選してきた議員が女性だったのは、引退した彼にとっては皮肉な決定で、わたしにとっては愉快だった。

この新人女性の鴻田臣代議員は経験不足ながら、「各種の委員会の女性の数を増やすように……」などという質問をしているのは嬉しいことで、先輩の悪いところを見習わずに一生懸命さが見えることが与野党の壁を越えて好感をもたれている。

この地で九四年の市長選挙に出た比留間市郎候補が政策として、「女性の地位の向上」を公約に掲げていたのに、人前で奥さんを「おめえ」、息子と娘を「てめえら」と呼んでいるのを耳にしてあきれてしまったことがあったが、当選してメッキが剥がれる前に落選したのは市民にとっても女性にとってとても喜ばしいことだった。だが、この時当選した若い志志田市長も秘書係の女性職員にレストランから食事を運ばせるなどしていた。公私混同のうえに性差別に鈍感なようで、残念である。と批判的に書いたところ、いつのころからか改めたから、当然のことに気がついていなかったのだろう。

女性蔑視に鈍感な女《ひと》

「女の選挙管理委員長なんか……」と否定した議員の引退後に同じ政党から当選した新人に長井孝雄議員がいる。たちまち女性蔑視発言であわや懲罰という事件を引き起こしたところを見ると、その政党（公明党）の議員の質にはいろいろと考えさせられるものがある。

当の議員の問題発言は、市が全世帯に配布した「防災百科」が難しくて分かりにくいとの質問の最後の締めくくりに飛び出した。自分が不勉強でよく理解できないと言っているうちは構わないが、「ご婦人でも分かるような、家庭のお母さんでも分かるようなことを考えていただけないかな」と言って座った。こんな発言を見逃すことはできない。ただちに反応したのがわたしと共産党の竹原キヨミ議員。休憩になると同時に竹原議員はわたしの席に近づき、「ふくおさん、今の長井さんの発言は女として黙っていられません」と言った。「男だって黙ってられないよ」とわたしが言うと、竹原議員は「そうだわよねえ」とつぶやきながら、すぐに善家裕子議員の席に近づき「女性として黙ってられないわよねえ」と言葉をかけたのに、席を立ちながらの善家議員から返ってきた言葉は「あの程度のこと、問題にするほどではないわよ」だった。これには竹原議員ががっくりしていた。

公明党寄りの姿勢が目立つ善家議員だから、長井議員をかばうつもりで言ったのか、共産党の議員から声がかかったので無視したのか？　あるいは性差別に鈍感なのかもしれない。いずれにしろ、これでは女性の地位向上の立場には立てないのは確かである。

その日の本会議散会後、議会事務局に問題発言の議事録を起こすよう指示したところ、議会事務局長が慌てて公明党の控室に注進に行ったようで、当の長井議員と所属会派代表が発言の重大さに気づき、翌日早々に「発言の取り消しをしたい」と申し出た。

一部に懲罰の動きがみえたが、誤りに気づいて取り消したいと申し出ているのに懲罰の追い討ちをかけることもないので、「取り消しと陳謝のうえ、議事録からの削除」で決着したが、〝隠れ自民〟の面々も「俺たちも家では似たようなことを言ってるが、これからは気をつけなきゃあいけねぇなぁ」と反省の材料にしていた。

だれだって見過ごせない重要発言に本人も気がつき、取り消して謝るというのに、「あの程度のこと……」と平気で口にした性差別に鈍感（寛容？）な女性議員と、同じ会派の二十歳代の若い男性議員の「あの程度のこと、目くじら立てることもないでしょう」の言葉を聞き、とても不愉快だった。男の多くが内にある封建時代の残滓のような意識を克服し男女共生の社会を目指しているのに、と思うと、男であるわたしの胸中に「女性の地位の向上を阻害している、女の敵は女？」との疑念がよぎったものである。

女性の立場を悪くする女《ひと》

性差別に鈍感（寛容？）な女性議員がまたまたへまをやり、近隣各市の社会教育委員のひんしゅくを買うという軽率な言動があった。この時期はまだ市議会から三人が学識経験者の枠で社会教育委員に選ばれていたころだった。

近隣某市で社会教育委員のブロック総会があった。遅れて到着した議会選出のこの女性委員。座るやいなや「あら、まだ始まらないの。女の会議ならすぐ始まるのに、男の人の会議って……」と口走った。前の席に座っていた他市町の委員がきっとした顔で後ろを振り返ったので、わたしは自分がにらまれたような気がして一瞬、肩をすぼめた。会場はほぼ男女半々で、準備の都合で少し遅れて始まったのだが、定刻に遅れてきて、「あら、ごめんなさい」の一言もなく、「女の会議ならすぐ始まるのに……」はない。取りようによっては男性全体に失礼な言葉である。まして、遅刻してきてこの言葉は不用意だ。社会教育委員会議の議長が、「遅れてきてなんだあの言葉は……」と怒っていた。

なにもかも女でなければ世の中は良くならないのだと肩肘張っている女《ひと》がいるが、場違いな所で前後の見境もなく口走る不用意さが、確実に女の立場を悪くすると思うのだが……。

障害者の採用差別を突く

たまたま障害者団体の人達が傍聴している本会議場で、色神障害の自分の立場と経験を引用して市職員の障害者採用差別の姿勢を追及したことがあった。進学や就職に差別され続けてきた自身の体験をさらけ出しての追及には迫力があったのか、答弁に立った助役は声を詰まらせながら、非を認めて陳謝した。

この時の試験は身障者対象の一般事務職採用で、募集要項には「自力により通勤ができ、かつ、介護なしに一般事務職員として職務遂行が可能な者」となっており、三人が応募していた。その中の聴覚に障害のある一人の女性が受付け段階で受験を拒否されたもので、相談を受けたわたしが市長に直接抗議していた。市長は「総務部職員に差別意識は毛頭なかった。募集決定時点で細かく検討されるべきだった」と言い訳し、試験の前日になって応募書類が受付けられ、受験を認められていたが、結果的には不合格となっていた。試験の結果に口出しはできないが、本会議で正式に事実を明らかにして抗議し、反省を求めておいた。本会議が休憩になったとき、たまたま別の問題で傍聴にきていた障害者団体の人達がわたしの控室にきて口々に「ふくお議員さん、わたしたちのためにも頑張ってください」と激励してくれたのは嬉しかった。

　武蔵村山市はわたしが初当選のころから、議会に提出する市の資料中に数種類の色塗りで区別をしてあるものは、「色神障害で識別困難」とのわたしの申し出でに応え、わたしのために特別な色分けをしたものを作成する配慮を見せている。当然のことと思う一方で、申し送りを徹底している職員の配慮には感謝している。

学校が就職差別に加担

　世界中でわが国だけで小学校の健康診断で色覚検査が行われている現状を、他国では徴兵検査の名残とみる向きもあるようである。検査の根拠は学校保健法と同施行規則に検査項目が規定され、小学校の四年生を対象に行い、検査の結果を児童及び保護者に通知し、一方、検査項目によって実施し作成した健康診断表は児童の進学先または転校先へ送付する制度になっている。中学校ではさらに、就職希望の生徒の職安に提出する応募書類の乙欄に、学業成績、欠席の状況、行動及び性格の状況、趣味・特技、家族の状況などと共に、身体状況が十三項目も列挙され、その中の一つに色覚の欄が設けられていた。

　学校保健法と職安法によって検査と報告を義務づけられているとはいっても、診断表等が行く先々について回ることで、生涯にわたり就職、進学に差別、選別される体験をしている身には放置しておくことはできないと思っていた矢先の九五年、新聞記事によって職安が中学校長に提出を求めていた就職希望生徒の応募書類の記載項目から、色覚の欄が削除され、プライバシーに関する家族欄もなくなったことを知った。

生徒やその家族が関知しないところで、成績や身体状況のほかに個人情報が丸裸にされて外に出ているとは問題があり過ぎる。鈍感な役人がやっと気がついたのだろうが、改正されたことは歓迎すべきことであった。

教育長は「適正に運用を計るべく、学校に話した」と苦しい答弁をしていた。法律で規定されていることでも、おかしいことは「おかしい」とだれかが言わなければ改正されないのである。

人の痛みを逆撫でする女《ひと》

わたしは色覚障害のために自動車の運転免許は受けていないのだが、ある女性議員（無所属）に「あら、ふくおさんは男なのに、どうして車の運転できないの」と言われ、ひどく傷ついたことがあった。平気でそんなことを口にするその議員に「あら、○○さんは女の癖に……」と聞いたらどうするのか？

その議員は男なら車を運転するのが当たり前と思っているらしいが、「ボクは機械と電気が嫌いだから運転免許は自転車だけです」と、とぼけて言っておいた。

色神障害（色盲）の遺伝のために、幼児時代から絵を描いては大勢の友人に取り囲まれ、「緑なのに赤く塗っている」と笑われ、進学や就職の機会に差別され続けてきた身には、悲しくカチンとくる言葉だった。

それでも怒りもせずに「ボクには色神障害（色盲）があって、信号の識別ができなので……」と言うと、

「あら、かわいそうね」ときた。

かわいそうと同情される必要はない。

色神障害は父親から娘を通じて遺伝する隔世遺伝で、男性の二、三％に現れるものだ。彼女はこのような遺伝があること自体の認識もなかったのかもしれないが「障害は外見に現れないものがたくさんあるのだから気をつけたほうがいいよ」と言おうとしたが、「無駄だ」と気がつき、言葉を飲み込んだ。

全国の市民派議員の集まりの自己紹介で「職場では、女、こどもでもできるコピーをしたり、簡単な仕事をしています」とやり、居並ぶ女性議員から猛然と抗議を受けた男性議員がいた。「男なのに、どうして車の運転できないの」と口にした女性議員はそのような場面でも、きっと一人だけ「些細なこと」と寛容な態度に終始するのだろうね。

女性職員のお茶入れ廃止

市役所の各課で実施している職員への給茶のサービスに要する時間は、一日平均五〇分程度。ま

た、朝の給茶のために早く登庁してその準備に当たることから、女性の職員に大きな負担となっていた。この現状が議会側が投じた一石がきっかけとなって改められたのだから、久し振りに胸のすく思いがしたものである。

長い間、職場のお茶酌みは当然のように女性職員の仕事のように決めつけられていたが、九七年四月から市役所全体で朝のお茶は廃止し、午前十時、午後三時の休息時間には、特定の職員(女性)に負担のかからないよう、交替等で実施する方向で各課で手法を検討し、九七年十月から完全実施に改められた。正午のお茶は自席で食事する人と他で食事する人がいることから、職員個々に対応することとなった。なお、役所の内部会議での湯茶はこの年の四月から廃止となった。

全職員の認識が変わったのは大歓迎だが、実は画期的とも言える全庁的なこの方針決定は、議会の代表者会議におけるわたしの提案が先導役を果たしたものだった。

議会事務局には速記を職務とする三人の女性職員がいるが、その三人が毎日お茶酌みで大変な重労働を強いられているのを目にし、早くから気になっていた。

本会議や委員会で議員が登庁する日は朝早くから大量の湯を沸かし、三人で数十本のポットに入れて茶道具と共に手押し車で各会派の控室に運び込むのが大仕事。そのうえ、議事堂の理事者控室にも数十人分を運ばされていた。そのほかにも委員会では委員と答弁者と傍聴者にまでサービスし、会議が休憩になると委員が「お茶を入れてよ」と要求するので、ここでもかなりな負担になっていた。議会の会議がないときでも、事務局全職員への朝と午前十時、昼食時、午後三時と、すべて当然のように女性職員が交替でお茶酌みを行い、議員が三三五五登庁して議会事務局に立ち寄るたびに、すぐ席を立っていた。

女性議員が共産、公明、無所属の三人いたので、相談して女性の立場から提案してくれたほうが解決しやすいかと期待していたが、一向にその気配もないのと、各地の例を見ると、女性議員が取り上げるとかえって他の男性議員に反発されていると知り、わたしが代表者会議で取り上げてみた。

「お茶酌みは事務分掌上の職務でもなく、女性職員の本来の仕事ではないので、各会派の控室には議員が自分で運び、片付けること。委員会はお茶を出さないようにしたい」と提案し、多少強引に全会派の了承を得て決定し、直後の定例議会の冒頭に「市長部局等にもこの方針が波及することを期待する」とやっておいた。そして直後の内部の行政改革の検討の中で取り上げられ、思ったより早く実を結ぶことになったのである。

市役所では先輩の女性職員に対しても「○○課の女の子」と平気で口にする男性職員。昇進・登用の不平等。秘書係の女性職員に市民レストランから昼食を運ばせる歴代の市長。性差別に鈍感な議員等々、克服しなければならないことが山積しているが、それはともあれ、議会側から提起したお茶酌み廃止の改革は思った以上の波及効果があり、何人もの女性職員から「お陰様で」と声をかけられ、女好きなわたしにとっては望外の喜びであった。

「ミスコンを復活せよ」と

わたしの一声で廃止となった産業祭りのミスコンテストだったが、二十年後にその復活を求めた

保守系議員がいた。答弁に困った助役がわたしの表情をうかがいながら、

「過去に実施していた時期がありますが、いろいろな経過があって廃止して現在に至っていますので、ご理解を……」

何も知らない人が聞いたら訳が分からない答弁でお茶を濁していた。

産業祭りは市が費用の大半を補助金で支出し、商工会等が実行委員会方式で実施しているもので、その歴史は二十年以上続いている。その三日ほどの祭りの催し物の一つとしてコンテストが行われていたので、事業発足当時の議会で取り上げた。

「女性を祭りの舞台でさらし者にして容姿で優劣を競わせるとは何事か。出場するほうも問題だが、この催しは女性差別そのものだ。即刻中止させよ。」

この一発で市が実行委員会に申し入れて中止が決まったが、その直後に女性の職員から、「ありがとうございました」と礼を言われてびっくりした記憶がある。同性がさらし者になるのだから、多くの女性が嫌がっていたのだろう。

復活させようとした議員に過去の経過を説明してやったが、「無理やり出場させるわけでもなく、希望者が出ているのに、それを見ては駄目だと言うんですか」とぬかしやがったから、「美しい女性を見たいのなら、家に帰って奥さんを眺めりゃいいじゃないか」。

吐き捨てるように言ったところ、くだんの議員は不承不承のような表情で黙ってしまった。

第八章　どうした共産党

トトロの森に縦貫道路を主張

人気アニメ映画「となりのトトロ」の舞台として知られる狭山丘陵を南北に縦貫する道路構想が埼玉県入間市と東京の武蔵村山市、瑞穂町の三議会から持ち上がった。わたしがいち早く記者会見でこの構想を暴露したことから市民運動に火がつき、三議会内の動きは先手を打たれた形で鳴りをひそめているが、なんと驚くなかれ縦貫道路反対派は議会の中でわたしだけ、いつ息を吹き返すか分からない状態のままにある。

三市町の議会の中に縦貫道路願望があったのは承知していたが、市が「狭山丘陵の保全に努める」と基本構想に定めてあることから、「できるわけがない」と高をくくっていたのだが、九五年一月二十五日に議長等が入間市議会側から「入間、瑞穂、武蔵村山縦貫道路の早期実現を図り、もって地域発展に寄与することを目的とする」とある「仮称・二市一町交通対策連絡協議会」の規約案を持ち帰り、同年四月の統一地方選挙後の九月議会で予算を組んだ後、十月以降、協議会を発足させ運動に動き出す予定になっていた。わたしが先手を打って記者会見で暴露。三月議会では「狭山丘陵の保全について」一般質問をする中で議会の動きを公表し、市側から「丘陵の保全に努める方針は変わりなく、道路は考えてもいない」との当たり前の答弁を引き出して議会の賛成派を牽制した。

わたしのビラ撒きや一般質問の動きに呼応するように、近づく市議会議員選挙を控え、同年三月に市民団体「体育館問題から市政を見直す会」が行った十項目のアンケートの中にこの問題が次のように設問されていた。

「狭山縦断道路の噂がありますが、自然の生態を破壊する危険性があると思いますが。

A　あると思うのでやめたほうがよい。

B　あるかもしれないが便利になるので望ましい。

C　その他（　　）

発表されたアンケート集計結果を見てわが目を疑った。Aの回答はわたしのほかに立候補予定の一人だけ。Bは環境問題は頭の外にある保守系（隠れ自民）全員のほかに社民党の内田英夫議員と共産党の伊沢秀夫議員。Cのその他は、「分からない」と今どきの子供並みの回答が多く、そのほかに期待感を持った公明党議員団等々。

数万枚のビラで市民に知らせ、四月の市議会議員選挙ではわたし一人が「狭山丘陵縦貫道路構想反対」を主張したが、市民の反応はいまいちだった。積極推進派の伊沢秀夫議員の選挙公報には「縦貫道路推進」とはないものの地盤沈下の恐れがある温泉開発が主で、他の共産党議員のそれには「狭山丘陵の保全」とあった。この地の共産党議員には丘陵保全と縦貫道路構想との矛盾はないようである。

市民運動に火が

議会の中からただ一人、外に向けてビラを撒き、声を上げ続けていたところ、ついに八月になって市民運動に火がつき、「武蔵村山自然に学ぶ会」が呼び掛けた集会で報告を求められた。その集会ビラに「ただ一人の反対者」としてわたしの名前が載っていることに共産党の竹原キヨミ議員がクレームをつけたということだが、共産党議員はアンケートで「便利になるから賛成」と意思表示しているが、反対した事実はないので、集会の冒頭で「公式・非公式に反対を表明している議員はわたし一人」と事実を述べて経過報告し、議会の動きに注意するよう呼びかけた。アンケートに「便利になるから賛成」と回答した伊沢議員が集会の途中から会場の隅っこにもぐり込んでいた。

埼玉県側の集会参加者も多く、集会の最後に「トトロのふるさと基金」「狭山丘陵の自然と文化財を考える連絡会議」「狭山丘陵を市民の森にする会」「武蔵村山自然に学ぶ会」等が意見交換し、行動を起こすことを確認して終わった。

それらの団体は同月末に記者会見で三市町議会を批判し、関係市町長と議長宛てに「トトロの森を守れ。縦貫道路構想反対」と要望書を突きつけた。これで議会の動きは一応は沈静化したかに見えるが、それでも、わたしに対する嫌がらせのような雑音は絶えない。

「道路ができると便利になるのに、それに反対するのは理解できない。車に乗る人で反対はいないだろうが、ふくお議員は自転車族だから反対するんだろう。」

「環境破壊と言うが、トンネルにすれば大丈夫だ。」

「批判されるのなら、今後はアンケートに回答しない。」

「埼玉にゴルフに行くのに便利になる」と本音も言えないので、「埼玉側から車が通るようになると煙草の一つでも買ってくれ、市内に金が落ちて活性化するのに……」と聞こえよがしの声まで聞こえてくる。

丘陵に縦貫道路ができれば自然環境が破壊され、新青梅街道に向けて大量の車が流れ込み、排気ガス等の公害を招くことなど一人として口にしない。人間社会が便利さを追い求め、その結果、地球規模で環境を破壊してきた反省もなく、「道路だ橋だ……」と要求する声に応えて公共事業の予算をつけてきた政治が、財政破綻と環境破壊を招いたと言っても言い過ぎではないのに、それを考えるものが少数なところにこの国の不幸がある。

ところで、分かりにくいのが共産党である。

埼玉と東京の質の落差

九五年九月二十日の赤旗の社会面に「トトロの森破壊の道路計画」の大きな見出しが踊っていた。しめたっ、共産党が縦貫道路反対に回ったのか、と喜んで目を凝らしてみたが、サブタイトルは「緑地保全を言っていた所沢市長が旗ふり役」として、埼玉県所沢市議会の共産党議員が道路建設推進期成同盟設立に向け動いている所沢市長の姿勢を追及した事実を報じている。

記事によると、本市に持ち上がっている縦貫道路構想と場所は違うが、埼玉県所沢市、大宮市、越谷市が中心となり、十五自治体で狭山丘陵に自動車専用道路を建設するための促進期成同盟が設立されようとしている。所沢市長は前年十一月に発足した核都市広域幹線道路建設促進準備会の副会長に就任し、道路建設推進期成同盟設立に向け動いている。九月十九日の所沢市議会本会議で、この問題を取り上げた共産党のM議員は、「今年三月、所沢市長と狭山丘陵の自然と文化財を考える連絡会議との間で『所沢市は、今後、狭山近郊緑地保全区域の破壊につながるような公共工事は計画しない』『今後とも、狭山丘陵の保全のため最大限の努力を計る』との『確認書』を交わしていることを示して同市長の不誠実な姿勢を追及。道路建設促進は『所沢市自然環境保全指針』とも矛盾するとして道路建設推進を断念するよう要求した。しかし、市長は……」となっている。

「子どもたちの夢を壊す計画……」と「狭山丘陵の自然と文化財を考える連絡会議」事務局長の談話も出ている。「狭山丘陵と保存運動」として次の解説もある。「狭山丘陵は東京都と埼玉県にある約三千五百ヘクタールの緑の島。オオタカやホンドキツネ、タヌキや二百種以上の鳥類、昆虫などが住む里山で、「トトロのすむ森」としても知られています。自然保護団体が呼びかけた狭山丘陵ナショナルトラスト「トトロのふるさと基金」には、この五年間に小中学生徒をふくむ一万三千人余から約一億六千五百四十万円の基金が寄せられています……」と。

武蔵村山市では一九七〇年ころ、狭山丘陵の一部をつぶし谷を埋め立てて用地を生み出して七千五百戸の公団住宅を誘致・建設しようとする計画が持ち上がった際、わたしと共産党議員が中心になって少数の誘致反対農家と共に戦い、その計画を断念に追い込んだ後、市は乱開発を防ぐ目的で東京都に丘陵の民有地の買い上げを求め、野山北・六道山公園として丘陵の保全に努めている。市の基本構想にも「狭山丘陵の保全に努める」とあるのを無視し、開発優先のゼネコン側の発想しかできない自民党、社民党議員らと共に、市民運動のアンケートに「(自然の生態を破壊する危険性があるかもしれないが) 便利になるので望ましい」と堂々と回答するほどに転向? してしまった伊沢議員の発想が理解できない。丘陵を挟んだ所沢の共産党議員とわが市の共産党議員の自然環境に対する姿勢の落差をどのように受け止めれば良いのか? 有権者は戸惑うだろう。

共産党に変えられた会派名

共産党議員の発案で他の会派の届出会派名を勝手に〝変更〟した事件が東京・豊島区議会で起きたことがあった。その対象は当時の区議会の届出会派名「革新無所属」で一人会派の酒井和子議員だった。

正副幹事長会で共産党の議員が酒井議員の会派名を「革新無所属」から「無所属」に変更すべきだと提案し、当の本人が知らないうちに勝手に会派名を変えてしまった、全国的にもまれなこの事件は区議会全体の質が問われる事件で、特にひどいのが説明するまでもなく共産党である。

共産党議員が「わが党こそが唯一の革新だ」と考えるのは勝手だが、だからといって他に革新と名乗る議員（会派）の存在を認めないというのでは、まさしく言語道断の思い上がりである。共産党が政権についたら国民生活が悲惨になるだろうと考える側が「共産党の会派名を『共惨党』に変更する」と提案したら、共産党豊島区議団は「はい、結構です」とはならないだろう。共産党所属議員の質も玉石混交というのが実態のようである。

この事件では酒井議員がただちに反撃に転じ「勝手に変えるな会派名！区民連絡会」が公開質問状を区議会に出し、報告を受けた「全国革新議員会議」が抗議の決議を豊島区議会に突きつけた。酒井議員はまもなく会派名を取り戻したが、坊主憎けりゃ袈裟まで憎いと言わんばかりの共産党区議団の発想には驚いた。いやはや、あきれた事件だった。

豊島区議会に突き付けた「全国革新議員会議」第16回沼津集会決議文抜粋

貴議会は去る6月の正副幹事長会において、酒井和子議員の会派名を「革新無所属」から「無所属」に、本人の意思を無視して一方的に変更することを決定しました。

このことは、第一に、議員ひとりの問題ではなく、「革新無所属」の議員に注目する有権者の意思をも踏みにじるものです。

第二に、会派名には各々の議員の政治主張がこめられており、「革新無所属」と「無所属」ではその意味に大きな違いがあります。「無所属」と勝手に変更することは、議員の政治的立場を極めて曖昧にするもので、政治活動の権利を侵害する許されない行為です。

第三に、全国の地方議会において、既成政党に属さず一人会派で議会活動を行っている議員は数多くいます。これらの会派名が勝手に変更されたなどということは、いまだかつて聞いたことがありません。

第四の問題は、こうした重大なことが、酒井議員の出席を認めず、一年間「革新無所属」として認めてきたという慣例をも覆し、正副幹事長会という密室で行われたということです。これは自らが議会制民主主義を破壊するファッショ的暴挙といわざるを得ません。

よって私たちは、豊島区議会が、ただちに会派名変更を撤回するよう強く要請します。

「陳情者を認めない」と反対討論

八七年統一地方選挙直前の東京・多摩市議会での出来事である。

日本労働党から出ていた「売り上げ税反対の意見書採択に関する陳情」に委員会で賛成した共産党が、本会議で一転して反対の立場を取り、その反対討論に立った共産党議員の発言の内容が懲罰に発展していった。

要するに「日本共産党は売り上げ税に反対して奮闘しているが、この陳情に賛成することは、日本労働党の存在を認めることになる。日本労働党なる集団は暴力、殺人者集団の離合集散の産物であり、連合赤軍と同根で『暴力こそ真理』と公言している集団だ。この陳情を採択するということになれば、社会的にも大きな糾弾の的になっている彼らの殺人、暴力行為を多摩市議会が容認することにつながる」という論旨だった。

直後にこの発言中の「暴力行為を多摩市議会が容認することになる」等の部分に取り消しの動議が出て、それに従わない共産党議員に、議会全体の名誉に関わることと懲罰動議が出て懲罰特別委員会が設置されたが、議員の任期切れで処分はウヤムヤになったようである。

だが、この発言には重大な問題がある。日本労働党は反日共的な党派のようだが、共産党から見て気に食わない党派だからといって、結社の自由を否定するかのような発言が見逃されるはずはない。もう一点、何人も有している要求権（請願・陳情）をも否定する点で重大発言である。

当時の多摩市議会の議事録を読んでみたところ、いろいろと弁明に努めてはいるが、その論理はだれからも支持されてはいないのである。かりに、共産党系と見られる団体が提出した陳情に対し、自民党や公明党などの議員が「われわれは共産党を認めていないから……」と反対討論をした場合、共産党は黙って見過ごすのだろうか。個人の資質の問題かも知れないが、日常的に公安当局から盗聴されたり、結社の自由を侵害されている（らしい）共産党議員の発言だけに残念である。

自分がまとめた値上げ答申を批判

自らの矛盾した発言で墓穴を掘ったのが共産党の竹原キヨミ議員の一般質問だった。質問通告書には「学校給食の値上げ問題は学校給食センター運営委員会で審査された。スピード審査で、質の良い給食をどうつくるのか、の論議がされない点など異常さを思う」となっていた。だが、この場合は「異常さを思う」と言うほうが異常である。なぜなら、値上げの経過に「異常さを思う」と通告した竹原議員本人は、ＰＴＡ会長や学校長等三十数人で構成する給食センター運営委員会に議会から公明党議員と共に二人出ている中の一人として委員長を務め、給食センター運営委員会で全会一致の値上げ答申をまとめた張本人だったからである。

その定例議会にはわたしも「給食費の値上げについて」質問通告してあったから、これは大変なことになると直感した。竹原議員が通告書の通りに発言すれば給食センター運営委員全員の名誉を傷つけることはだれから見ても分かり切ったことだったから、竹原議員から質問通告が出た段階で職員や議員から一斉に「非常識だ」の批判が出ていたが、まさしくそれ以外の何ものでもない。給食センター運営委員会がたった一回の会議で値上げを決めたことを「論議不十分ではないか……」とわたしが質すのは至極当然のことである。まして、答申をまとめた給食センター運営委員長が自ら質問通告書で異常さを認めているのだから、わたしが答申までの手続きを質問したのは、これも至極当然。

教育委員会側はわたしの次に控えている、竹原議員が登壇して発言した途端に異常事態が発生することに気づいているようだから、わたしに対する答弁は気楽なものだった。

「給食センター運営委員会は竹原委員長名で関係書類と共に会議通知を出し、全会一致で値上げ答申をまとめました。委員長からは『論議が不十分だから……』との特別な指示はありませんでした」

ここで当の竹原議員が自らの矛盾に気づけば問題にされることもなかったが、感度が鈍いのか？　値上げにはなんでも反対するのが共産党の方針と凝り固まっているのか？　通告書の通りに質問してしまった。天に向かって唾を吐く行為だからお粗末だが、他の会派が虎視眈々と狙っていたのだからたまらない。公明党からただちに休憩動議が出た。「全会一致の値上げ答申をまとめた本人が、答申を否定する発言で他の運営委員の名誉を傷つけた」ので議会運営委員会で問題発言の扱いを協議しようというものだった。

竹原議員が議会運営委員会に出てきて釈明すれば済んだかもしれないのに、それもしないで他の一人と共に控室に閉じ籠っているので、論議は次第にエスカレートし、懲罰処分の最悪のシナリオに向かって進み出した。余計なお世話かと思ったが、この段階でわたしが火消しに動いた。

共産党議員団の控室に行き議会運営委員会の雰囲気を伝え、心得違いを諭し、事態の打開には問題の質問項目と発言を取り消したうえで陳謝するしかないと助言した。ところが、発言を取り消したいとは言うものの、謝る姿勢を見せないため、あくまでも懲罰を主張する他の会派が納得しない。わたしが共産党議員団の控室と議会運営委員会の場を往復して粘り強く調整に当たり、本会議で陳謝することで決着する方向に持っていったが、説得に応じるまで丸一日の無駄な時間を要してしまった。「発言自由の原則」があるといっても、それは常識の範囲でなければならないということである。

信義と道義を忘れるな

本会議の厚生産業委員長報告の直後に共産党議員団が引き起こした一騒動で、ここでも主役は竹原議員だった。

委員長報告は「大型店出店反対に関する陳情」が委員会で不採択になったというものだったが、その直後の討論の中で共産党議員団長の伊沢議員が「わが党は継続審査にすべきものと考えるので、採決に当たっては棄権する」と述べ、三人揃ってすたすたと退席してしまった。ここで厚生産業委員を中心に「共産党はけしからん」と議場は騒然となった。

議会運営委員会を中心に問題点の整理をしたところ、次のような事実が判明した。

厚生産業委員会の副委員長は竹原議員だが、委員会の陳情審査に際し陳情の不採択を主張している。採決に先立つ陳情の扱いの協議の中では副委員長として委員長と共に「不採択の方向」で調整に当たったのに、本会議で共産党議員団として継続審査を主張するのはおかしいということだった。同委員会の委員長は共産党嫌いの社会党の松島金作議員（当時）だから、松島氏にしても正副委員長として陳情不採択で取りまとめたのに、本会議で裏切られては許せないとの思いだろう。

そこでわたしが例によって調整役を務めることにした。一般論で言えば、委員会と本会議での表決が相反しても、笑われることはあっても問題になることではないので、その考えを述べたうえで「共産党が党の方針として継続審査を主張し、採決で棄権するのは勝手だが、竹原氏は委員会の副委員長として陳情不採択で取りまとめたのなら、議場に残り他の委員と同じ態度を採る道義的責任があるのではないか。」

感情的になっていた連中がこの言葉に冷静になり「そうだ、松島委員長のほうからもう一度、竹原さんを説得してみてください」となったのに、竹原氏は相変わらず「わたしは党の方針に従って退席する」と言うものだから、昼の休憩時間まで休憩が続いてしまった。党議拘束を優先すると格好をつけるのなら、委員会で余計な動きをしなければ良かったのだ。

昼休みに正副議長などが説得に当たり、本会議の採決では竹原議員が陳情採択に反対し、共産党の他の二人の議員は退席することでケリがついたが、共産党の内部の不統一で迷惑した時間は半日に及んでしまった。個人の資質の問題なのかもしれないが、相変わらず「迷惑をかけました」の一言もなかった。

差別用語を取り消し

共産党大幹部（当時）の野坂参三氏（故人）が、東京都内のある駅頭での国政選挙の大演説会で、自民党批判の勢いが余って「そんなことは、メクラでも分かることだ……」とやったことがあった。全国の障害者団体の猛烈な抗議の声が上がったのは当然のことだった。伝統的に一切の誤りを認めたことのない共産党だが、さすがに言い訳もできず、公式に誤りを認めて陳謝するしかなかった。

共産党の女性市議会議員竹原キヨミ氏も同種の誤りを犯したことがあった。

一生懸命に市側をとっちめていたのはよかったが、のらりくらりの答弁に頭にきたのか「そんな片手落ちな……」と口走った。他の共産党議員もほかの会派の議員も何も反応しないまま質問は終わった。

「片手落ち」との用語は「一方だけに片寄っている、えこひいき、不公平」という好ましくない意味があることから、体に障害がある人に失礼で、かつ不愉快な用語である。

まもなく休憩になった議事堂の廊下でわたしは彼女を呼び止めた。「言葉狩りをする気はないが」と断ったうえで忠告した。

「気がつかないで口にしてしまったのでしょうが、あの言葉は障害者に対する差別用語として放送でも自主規制しているものですよ。ボクたちもうっかりすることがあるが、誤りに気がついた段階で取り消したほうが良いと思いますよ。」

この指摘に、彼女はハッと気がついて絶句した。

「余計なことだったかもしれない。失礼する。」

わたしは軽く会釈して同氏のそばを離れた。

再開された本会議で「議長」と手を挙げた彼女は「先程のわたしの発言の中に不適切な言葉がありましたので、取り消したい」と言って座った。これだけでは問題部分が議事録から削除されないし、どの言葉を取り消したいのかだれにも分からないが、取り消し発言そのものは議事録に残ることになった。誤りに気づいて取り消したことは評価するが、ただ、その発言があってもまだ、他の全議員は何のことか理解できずにキョトンとしていたのが不愉快だった。

第九章　いまどきの〝聖職者〟

移動教室でセクハラ

中学校の移動教室で、酒を飲んだ古参教師が寝ている女生徒の布団の中に手を突っ込んでお触りに及んだ。騒がなかった生徒もいたので図に乗り、次々と寝床の中の体に触っていったということだった。生徒が帰宅してから一部の父母が学校と教育委員会に抗議したが、学校と教育委員会は当の教師の一方的な弁明だけを聞き「布団の乱れを直していただけで、いたずらの事実はない」と突っぱねて幕を引こうとした。これでは生徒が救われない。事件の真相を隠蔽したまま幕を引こうとするとき、だれもが新聞社か議員にタレコムことを考えるもので、そして、そうなった。

新聞に書かれたり、わたしの耳にも入っていることが分かり、教育委員会は大慌て、目の前に迫っている、市議会の決算委員会で追及される前に当の教師に辞表を出させて疑惑に蓋をしてしまった。

辞職の理由は「事実無根だが、生徒に疑われたことが教師として失格だから」というおかしなものだった。泥棒だって「はい、泥棒しました」とは認めずに何らかの言い訳はするものだ。事実無根なら真相を明らかにして誤解を解く努力をすればいいことで、職を投げ出すことはない。教育委員会側の調査も本人の話を聞いただけで、生徒やその父母からの事情聴取もせずに「潔白」と認定したのでは、移動教室から帰宅して事実を親に話した生徒は嘘を言ったことになる。

移動教室では引率の教師の飲酒は禁止になっているのに、わたしの質問で当の教師は事件当夜は酒に酔っていたことまでが確認された。教育長は議会で追及されて初めて問題教師が退職したことを認めたが、その時点でもまだ、学校側は生徒に「○○先生は病気で休んでいる」と説明していた。校長は生徒や親の心情を無視していることに気づかずに教師をかばったのだろうが、教師が生徒に嘘を言ってはいけない。

生徒や父母が指摘する事実があったなら、教師には何らかの処分が必要だろうし、生徒の側の誤解だと言うのなら、堂々と説明すれば良いことで、退職金欲しさに逃げ出すことはない。このように本人が退職で逃げ、教育委員会は真相解明を避ける姿勢の悪さが次の事件につながっていく。

電車内で痴漢行為の校長

「四中校長のSが八月二十五日の夜八時ころ、京王・井の頭線の明大前付近を走行中の車内で、女性の胸に触れるハレンチ行為に及んだ。相手の女性が騒いだため、一瞬逃げようとしたが目撃者もいたため逃走を諦めた。その間に駅員が一一〇番、駆けつけた警官に引き渡された。調べに対して本人は事実を認めている。事実を認めて頭を下げたため女性は告訴しなかったので警察は刑事事件としなかった。当日は校長の奥さんが身柄を引き取りに行った。教育委員会は翌日、警察署からの身元の照会で事実を知った。教育委員会には同日、本人から届けがあった。本人の話では缶ビールを一本飲んだ後だったが酔ってはいなかった。出来心ではなく一つの目的を持った行動だった。本人は教育者として申し訳ないと、八月末日をもって退職した。」

これが教育委員会が議会側に報告した校長の痴漢行為のあらましで、九一年八月二十八日以降、新聞やテレビが一斉に〝ハレンチ校長〟として取り上げていた。いずれも校長の名前は伏せられていたが、映像の校舎を見ればどこの校長か分かるものである。

警察の事情聴取と教育委員会への事情説明で「一つの目的を持った行動（確信犯）」と本人が認めるほどの大胆な痴漢行為をする人物が、捕まった途端に急に弱気になり、「教育者として申し訳ない」と常識の世界に戻れるものだろうか？　移動教室でのお触り事件と同様に教育委員会側が辞職を迫ったに違いない。教育委員会は辞職させれば議会で取り上げられても気が楽だし、本人に処分が及ばないうちにさっさと依願退職させることにより、退職金や年金に影響が及ばないように取り扱う一石二鳥の効果を考えたのだろう。このなれ合い体質が重大で、生徒への影響は全く考えないところが一般社会の理解を越えているのである。

教育長は議会の答弁で「新聞に出なければＰＴＡ役員にも報告する予定はなかった」と平気な顔だった。

夏休みも終わり、九月二日の始業式にはほとんどの生徒が校長の不祥事を知っていたが、一部にザワメキがあったものの、平穏のうちに始業式が終わり教育委員会の関係者はホット胸を撫で下ろしたようだったが、翌年からは感じ易い中学生の夏休み中の非行対策の前に教師指導が必要になったようである。それにしても、出来心と言い訳せずに「一つの目的を持った行動」と堂々と認めているような人物が校長とは……。

給食費の流用ばれて島流し

小学校の教頭が児童から集めた給食費を使い込んだのがばれ、校長昇任の内示が取り消されただけでなく、一年間の長期研修の後に島流しになる事件があった。使い込んだ金額がわずか二十八万円で、動機は妻の出産費用に充てたというのだから、なんともやり切れない事件であった。

某年三月定例議会の会期末も近いころ匿名の情報が入った。捨てても置けないので議会最終日の本会議で、狙いすまして質問した。

「市立第三小学校で児童の給食費を保管する銀行預金口座から、〇月〇日、教頭が現金二十八万円を無断で引き下ろした疑いがある。教育委員会は事実をどのように把握しているのか。」

議場が一瞬、静まり返った。静寂の中で「なんだ、給食費の滞納が多いなどと言いながら、教師が使い込みだと……」。与党の席からざわめきが聞こえてきた。

捜査当局の判断や新聞記事と異なり、議会の追及は手のうちを全部さらけ出さずにある程度ハッタリでやれる気楽さがある。「俺はすべてを掴んでいるんだぞ」と思わせる話術で追及すれば、相手をほぼ〝全面自供〟に追い込むことができる。

教育長の〝自供〟によると「教頭が勝手に口座から金を引き出したのがこの年の一月二十六日で、三月十八日になって給食費の請求があり、担当者が支払おうとしたところ、銀行から残高不足を通知され、調査の結果、教頭の悪事が露見した」というものだった。

当の教頭はいろいろと弁解していたようだが、事件を要約すると、

「給食費の預金口座には長い間の利息がたまっているので、利息分を下ろして流用しても、給食費の支払いに支障がないことに気づいた。そこで一時流用することを考え、利息相当額を引き下ろして妻の出産費用等に充てていた。だが、この教頭は算数の足算が苦手だったようで、利息分の計算違いで五万円多く引き出したため、残高不足で悪事がばれてしまったもの。」

知能犯ならもう少し頭を使うものだが、計算違いで発覚したとは、教師にしてはお粗末すぎる。校長昇任の内示がこの一件で取り消しになり、市の学校に籍を置いたまま一年間の長期研修を命じられ、青梅市の自宅から遠い目黒区にある研修所まで通い、その後、どこかの島に赴任したということである。これが文字通りの島流しというもの。

かつて、議会の答弁中に「教師は聖職ですから……」と述べて問題になった校長上がりの教育長がいたが、教師の世界を特別視せずに見れば、様々な事件を犯しても驚くことはないのだろうが、なぜか、わが市の学校だけが新聞沙汰になることが多いのが憂うつである。庁内には「クビにならなかったのが幸運だ」と、同情の声はなかった。それにしても、教頭になり、もうすぐ校長になる

というのに、何に無駄使いしていたのか？　出産費用に困っていたとは……。奥さんが気の毒すぎる。

交通費を二重にヤミ支給

「研修費補助」の名目で教師の交通費を毎年一千万円、十八年間も二重にヤミ支給していたのを暴露したのは八四年の予算議会だった。ヤミ支給を裏付ける内部資料の交付要綱や予算要求書を押さえての追及だから迫力がある。教育長は言い訳もできない。わたしの追及は徹底しているから、認めるところは認めなければ監査請求から住民訴訟に持ち込んで損害賠償で争うのは目に見えている。そこで問題視した議会側が議会運営委員会で協議して、予算を一旦凍結して研修費に組み替える条件と、教育長の減給処分で政治決着したのだが、いただけないのが教職員組合だった。新聞の社会面にでかでかと載った日から集団で教育委員会に押し掛け、既得権を主張して支給の継続を要求していたが、教育委員会としては長年のなれ合いの違法支給を本会議で暴露されては既得権を認めるわけにはいかない。どうにもならないので、議会側の方針に従うことでの決着を受け入れた。

いただけないのは教職員組合だけではなかった。社会党と共産党の議員は教育長の減給処分の条例の採決ではスタコラサッサと退場・棄権してしまったのである。教育長が違法行為の責任を取るというのに、その必要はないとでもいう意味だったのだろう。支持団体の教職員組合を意識した行動だったとしても、これでは正義の味方は務まらない。

この一件で教育委員会はヤミ研修費を「校内研究奨励費」「健全育成奨励費」等に制度を改めた。もちろん「校内研究奨励費」は文字通り教師の研究のための費用だが、やがて九六年のわたしの資料要求が発端となった抜き打ち調査で、今度は、大半の学校が目的外に使用していることが明らかになり、新聞やテレビを賑わすことになっていったのである。

学校内部で流用と目的外支出が続々

交付要綱で保存を義務づけてある学校別の帳簿と領収書等の証拠書類をわたしが押さえるまで、教育委員会は奨励費を出しっぱなしで、ただの一度も学校側の使途をチェックしたことがないというなれ合いを続けていた。まさに「懲りない面々」である。

押さえた帳簿には漫画的な事実が一杯詰まっていた。教師に一律に金券（図書券）を違法交付したのはまだ情状酌量の余地があるとしても、寿司屋での宴会の費用を堂々と計上したり、反省会（飲み会）補助というのもあった。会議費と称する領収書には何者か二人のレストランの食事のメニューまで載った傑作？　があった。レストランで教師二人が校内研究なんて、まるで、お笑いの世界も顔負けである。

年度末に残金ゼロになるように操作した領収書。同じく年度末、残金を一円残らず講師謝礼として落とし、もちろん領収書はない。「横領したのか。飲んだのか」と問われて何と答えるのか……。入手した公文書には、このような傑作？　が満載されていた。

内部資料を全部押さえ、定例議会に先立って一般質問の通告書を提出したところ、早速取材にきた東京新聞が社会面に掲載したため、他の報道陣も殺到してきた。

わたしが正当な手段で入手したB４の厚さ八センチにおよぶ証拠書類の文書をドサッと演壇に置き、事実関係を明らかにしていく様子をNHKとMX局のテレビカメラが丁寧に映像に収め、その日の夕方から翌日の朝のニュースで何回も流していた。

校内に証拠書類の五年間保存を義務づけてあるのでそこを突くと、教育委員会は一度も点検したことがないと答弁した。そのなれ合い体質が現場のでたらめを許していた。保存期間中の証拠書類が全部揃っている学校は皆無であった。

補助金を目的外に使用し、その裏で学校運営費から研究費に違法流用し、その中から別の帳簿に入れてため込んだ例もあった。間抜けな処理をしたからわたしに見破られたが、これではポケットに直通の公金横領も可能である。学校を聖域とでも思っていたのだろうか。市長宛てに提出する補助金交付申請書と実績報告書も偽り、ほぼ全校で補助金を全額使用したことにして残額を翌年に繰り越していたことも分かった。合法的に入手した公文書によって事実を次々と暴露していくのだから、言い訳不能の教育長は「指導不足と認識の欠如」と答え、深々と頭を下げて謝った。

研究奨励費のうち、教職員の個人・グループに交付されている補助金四百万円（95年度）にも領収書が全く存在しない。学校現場では「謝礼、活動費、原稿料」との認識があったというが「校長が傾斜配分しているとの情報があるが、事実上のヤミ給与では？」との追及に、教育長は「研究の成果は上がっていると思うが、労力の対価、旅費、食糧費に充てている」と事実上のヤミ給与を認め、この制度も全面的見直しを約束した。八四年三月議会でわたしが、教職員に対する年間一千万円に達する「研究費補助」名目の交通費の違法な二重支給を暴露・追及した事件から十二年を経過して、形を変えてヤミ給与を続けていたのがこの事件で、現場と教育委員会とのなれ合いが原因で、極めて悪質である。

生徒の健全育成費で教師が旅行

研究奨励費の違法流用等を洗い出した後、わたしのあくなき探究心は生徒の健全育成奨励費に向けられ、学校保存の五年間分の関係書類の提出を命じた。奨励費の対象は「生徒の健全育成のための教育活動」と規定してあるが、提出された資料では、全中学校に交付された一校当たり六十万円の約半額が教師の宿泊旅行費用に、残りの多くも飲食費に充てられていた。あきれたことに教育委員会はこの制度の点検もしていなかった。

教育長は「対象事業の中に『生徒の問題行動等の指導、調査、研究、協議等の活動』とあるので、このための研究、協議の宿泊研修は認めている」と答弁した。多分そのように答えるだろうと構えていたわたしが、証拠書類を基に視察旅行の飲食の実態の一部を生々しく暴露したところ、テレビカメラが回っている前で教育長は簡単にダウン。他の補助制度と同様に見直しを約束せざるを得なかった。

どの学校の校長も年に一度の慰安旅行程度にしか思っていないのだろうが、生徒の健全育成費の大半が教師の宿泊旅行とはあきれる。各学校とも健全育成の教育活動に見るべきものはないが、際立っていたのが会議費と称する飲食費の多さで、学校によって中華料理屋や寿司屋の領収書が集中し、好みまでわかるのはご愛嬌だった。中には六万四千八百円の牛鍋の領収書やカラオケの領収書まで出てきたのには追及する側が驚いてしまった。

議員族は金銭感覚がルーズに見られ世間的評価は教師の足元にも及ばないが、わが市議会の場合は、市役所で無料で口にできるものは水と空気だけ、お茶代も自弁となっている。食事はどこにいても必要なものだから、一九六七年以後（わたしの当選後）、公費で食事をしたことはない。もちろん公費の宴会を一度も設定したことがないほど徹底している。会議費＝飲食費で処理している教育現場とは雲泥の差ではないか。

宿泊旅行の実態は第一中学校が「埼玉厚生年金休暇センター」への一泊の宿泊旅行に三十八万円を支出し、二日目のテニスで楽しんだ後の昼食代だけでも、アルコール付きの九万五千円の豪華版。研修目的は不明だった。

第二中学校は「ささげ会」（教師の親睦会?）の「かんぽの宿・青梅」への宿泊費用二十五万円の内二十万円を支出。飲食費は約十八万円。事業計画の内容は抽象的に、生徒の健全育成のための研修を深めるとあるだけ。

第三中学校は、なんと校内研究費の十万円を流用し、合計約三十八万円で十四名で静岡方面へ一泊旅行。目的は不明。某新聞の記事に、「プールの水質やコンピューターの制御システムを視察するために、このシステムを持つ旅館に泊まった宿泊研修」と語った吹き出しそうな校長談話が載っていた。事業計画書にこんなことはない。

第四中学校、七月二〇日、二一日、五日市の網代温泉に一泊した三十二万数千円の明細なしの領収書があるだけで、目的は不明。

第五中学校は事業計画に視察目的を具体的に定めてあり、小田原少年院施設見学と研究協議として一泊で実施、証拠書類に少年院院長の名刺があった。約三十九万円の支出で宿泊場所は不明。

二日間にわたるわたしの暴露・追及を黙って聞いていた市議会全会派が、事の重大さを認識し、「違法繰り越し額を返還させること。制度の見直しを行い議会に報告するまで九六年度予算を凍結すること」と、予算の付帯決議を可決した。

部活顧問が振興費を横領

学校補助金の問題が次々と新聞・テレビを賑わすものだから、別件に関し匿名で情報が入ってきた。「校長が特定の教師の頭を撫でるためにクラブ活動振興費を自由に使っている。そこも突いてください」というものである。

早速、資料を収集して調査してみたが、これもあきれたものだった。九五年度のクラブ活動振興費は中学生徒一人当たり二千三百六十円で、五校全校の交付額合計は五百七十六万円だが、なんとこの制度でも交付の要件を満たしている学校は皆無だった。そのうえ帳簿が存在したのは五校中一校だけ、その一校も領収書と帳簿が不一致で、残額ゼロで報告書提出後の領収書がゾロゾロと出てきた。

業者を取材したところ、「先方（学校）の都合で頼まれて、言われた通りの金額の領収書を書くこともある」と認めたところもある。「当然、取り引きの帳簿には載っていないということですか」と聞くと、コックリうなずくので「わかりました。迷惑はかけません」と帰ってきた。

筆跡から明らかに偽造したと見られる領収書があったので、領収書発行の業者を訪ねて事情を聞いたところ、二業者が、白紙の複数枚の領収書を特定の教師に渡したことを認めた。業者からわたしの調査の動きを聞いた当の教師は、さすがに怯えたのだろう。その三日後に教頭に、前年度分の振興費の中から三万七千六百九十八円を次年度に繰り越していたと自首同然に届け出た。この金額は業者が教師の筆跡と認めた領収書の金額と一致した。

単年度の補助金だから、残った場合は精算が必要で繰り越しはありえないが、それでも帳簿に繰り越し処理してあれば、まだ言い訳はできるが、帳簿にはその痕跡もなかった。偽造領収書による公金横領である。

偽造領収書を手にかざしながらのわたしの追及に、顔を真っ赤にした市長は「（繰り越していたので、返還したから）公金横領には当たらない」と弁解した。金を返せば済むというのではこの世に泥棒と名がつく者はいなくなると、教育長にも指名のうえ聞いた。

「偽造領収書で公金を落とし、支出報告書に虚偽記載した事情（動機）は調査したのか。」

「いえ、やってません。」

この体たらくだから、学校に不祥事はなくならない。そこで追撃だ。

「届出（自首）があったのはそれだけか」と追い討ちをかけ「はい、そうです」と確認して逃げ道を塞いだ後、おもむろに、同筆跡の別の二枚の領収書の写しをヒラヒラとかざし、

「ここに九四年度の偽造領収書がある。これで落とした公金はどうなっているのか。」

教育長はこの隠し球にしびれてしまった。議場全体がシーンと静まり返る中で、やっと一言「調査します」。

後日、学校教育部長が「すでに転勤してしまっているので申し訳ありませんが……」と言ってきた。十二年前に研修費名目のヤミ給与を暴露したが、その後も教育委員会は金を交付しただけで交付要綱に定めた証拠書類のチェックを怠っていた。学校の現場と「何にでも使って良い金との暗黙の了解がある」との情報もあった。職員の話によると「過去に一度、新任係長が学校の帳簿を見に行ったところ、校長に『係長クラスに指導されるいわれはない』と追い返されたことがある」ということである。市長も教育長も校長会も学校を〝聖域〟と思っているのだろう。

学校取り巻きの女性議員への警告

学校の不祥事を取り上げると必ずくるのが匿名電話。その多くが「学校の先生は一生懸命にやっているのだから、なにも議会で表沙汰にしなくても……」と、まるで学校は聖域だから取り上げるなというようなものである。せっかく当選してきた新人の善家裕子議員もこの同類だった。わたしにチョッカイを出すようになったので、「情緒的ではいけないよ」と忠告していたが、とうとう的は

ずれな攻撃をしてきたので活字で批判・忠告したところ、それ以来わたしの目を見ないようになったのは構わないが、もっぱら口コミで「新人をいじめる」「女性をいじめる」とわたしの悪口を言い歩いている。そのうえあろうことか、わたしが公営住宅に違法に居座っていたと誹謗中傷している。これではいきなり殴られたので抗議したところ、逆に「暴力を振るわれた」と因縁をつけられたようなものである。

次なる一文はその顛末を書いて批判したわたしの〝紙爆弾〟である。

某中学・部活顧問教師による学校補助金からの領収書偽造の「公金横領」の手口を暴露したところ、質問後の休憩中の議場で、しかも大勢の人がいるところで、善家裕子議員（無所属）から、わたしの人格がまるでなってないかのように散々ののしられた。相手が興奮しているときは逆に冷静になれるので、人格者の善家議員のわめき声は注意深く耳に残した。「部活の先生はポケットマネーを出して一生懸命やっているのに、富久尾さんは冷たい、冷たい、温かさがない」「嫌い嫌い嫌い嫌い嫌い……」とわたしの人格面を突き、常軌を逸したかと思うほどわめき散らし、ののしっていた。「嫌い嫌い」の回数は余りに多くて数えることができなかった。

そのうえ後日、自分の後援会報で「五十五年間、父母にも夫にも大声で怒鳴ったことがないのに」と、わたしに噛み付いた（ののしった）ことを得々と書き、（学校の不祥事を追及されたのが）悲しく切なくてとある。そのうえ市の仕事の仕組みも無視し、議会総体をも批判している。知らない人が読めば、まるで同氏が正義の味方でわたしは極悪非道だ。市議会と自分の名誉のために、反省を求める目的で同氏の考え違いを書くことにした。

わたしには議員として人並み以上の仕事をしている自負がある。この議会でも一生懸命に調査して学校補助金の不正などを突き止め、暴露・追及し、再発防止を求めた。感情をむき出しにせずに冷静にやるから冷たく見られるが、善家議員を批判しているわけでもないのに、同氏にののしられる理由はない。

同氏は教師は一生懸命にやっていると言う。わたしもそれを一度も否定したことはないが、一生懸命にやるのは当然のことと思っている。教師がポケットマネーを持ち出してやっていると言うが、善家議員は予算書も読めないのか？　部活指導の教師謝礼があることも知らないようだ。学校の不祥事を追及するとすぐムキになり、取り上げたほうに牙をむく〝逆転発想の感覚〟がおありのようだが、それが度重なると、わたしのような温厚な？　人間ばかりではないから、牙どころか顎の骨も壊れるのではないかと心配になる。

わたしは市議会議員だ。「悪い教師（学校）は一部だから」と疑惑に蓋をするわけにはいかないのだ。疑惑を不問に付すのは職務放棄になるとの自覚を同氏と共有できないのが残念である。氏がわめくのを聞きながら、何を目的に議員になったのか疑問に思いつつ、女性に優しいわたしは、物凄い罵声を忍耐強く聞き流していた。ただ、品位と礼節面から、人格者？　の同氏の人格に疑問を抱いたのは事実である。

わたしが取り上げたこの件で、同氏は後日、「いままで、この収支報告（実績報告書）で良しとしてきた議会の責任と教育指導課（注・存在しない）の責任はどうか」と、過去の議会に問題があるかのような的はずれなことを言う。学校側と教育長と市長と監査の責任を問う言葉はない。市役所の仕事も制度も何も知らずに言っているのだろうが、そこまで支離滅裂に断定するのなら、「知らなかった」で済む話ではない。同僚議員や先輩議員の名誉のためにも言わせていただくことにする。

同氏は各種補助金が要綱に基づき交付されていることがご不満なようだ。三月議会の同氏の「はじめに条例ありきでは教師が萎縮する」との発言がそれを裏付けている。問題の学校補助金は単年度要綱で、要綱には議決は不要だし例規集にも載っていないが、同氏が議会総体を批判するなら、市会議員なんだから、この交付要綱・偽造領収書等の証拠書類・予算書に目を通し、何の根拠もない公金の支出はありえないことくらい知っておくべきだ。

帳簿の備え付けがないことを知り、偽造領収書まで突き止め、実績報告書の裏に隠されていたこれらの事実を初めて明らかにしたものを善家氏は「あの収支報告（実績報告書）を議会が良しとしてきた」と議会総体に責任があるかのように八つ当たりするが、氏はそれを見たことがあるのか？実績報告書は市長に提出されるものだ。そのチェックを怠ってきた教育長と市長の責任に触れないのはどうしたことか。監査委員の事務監査・決算でもそれらの事実は発見されていないし、議会の決算審査にも資料として出てこないのに、どうして議会の責任などと言うのか理解に苦しむ。不勉強からくる恥さらしはいい加減にやめたほうがよい。

わたしは今回、一つの情報に接し、徹底調査し、事実に基づき学校と行政の姿勢を追及し、再発防止を求め、議員として当然の責務を果たしている。議員の模範として褒められることはあったとしても、他の議員にののしられる理由はない。議会総体に責任があると言うのなら、決算審査にほとんど質疑もせず、黙って賛成した同氏はその責任をどのように感じているのだろう。「こんな質し方で教育が良くなるのか」とも言う。氏にわたしと同じ調査力があるとは思わないが、このような事実を知った場合、一体、どうやって議員の責務を果たせるのか、是非とも教えていただきたいものである。

全校同じとは言わないが、教育現場の公金に関する不正常な感覚と姿勢を正すのは当然のことで教育以前の問題である。わたしは証拠書類と関係者の証言を基に、不穏当な発言をすると懲罰処分になるのを承知のうえで発言しているのだ。怒りを向けるべき側に何も言わず、事もあろうに、不正を暴露・追及したわたしに当たり散らすのは筋違いであり、無礼である。議会の責任を言うのも、議会総体に〝超失礼〟な非常識なことである。軽率な言動を繰り返すから「情緒的ではいけないよ（論理的になれ）」と忠告してきたはずだが、それを悪口としか受け止めない。一般質問・提言・批判・論争には法令等の制度を勉強し、資料を集めて分析し、実地調査をし、それで組み立てた理論が必要である。新人らしく謙虚に勉強したほうが良い。このままでは大怪我につながると警告しておく。

行事の祝い金は公金

学校の運動会や入学式、卒業式に顔を出す議員の多くは必ず金一封を持参するようである。「寄付行為は公職選挙法に触れるよ」と忠告しても「まさか、手ぶらで行くこたぁできめぇ」と答えが返ってくる。

行事に出席した来賓には昼食時にビールが一口と寿司の折り詰めが出ることから、祝い袋に「会費」と書いて渡している者もいる。「会費と書いても事実上の寄付行為と見られるよ」と言うと、「だって、昼飯はＰＴＡで用意してるというんだから、ただで食うわけにはいかねぇよ」と言う。どうしても祝い金を包みたいのはこの国の慣習なのか、自治会も老人会もスポーツ団体も、相互に祝い金を「交換」している。

言い聞かせても効果のない連中に公式な場所で認識させるため、教育委員会側をからめ捕る策を考え「学校行事に対する祝い金の取扱い方針」の文書回答を求めたところ、苦心の策の回答があった。

「年間を通して学校行事を理解していただくため、各行事ごとに地域団体及び学校関係者諸機関に案内状を送付しています……。各学校とも寄付金はありませんが、祝い金は従来からの慣行により各学校とも社会通念上の範囲内で授受があります。教育委員会は地域の実情等を考慮しつつ、今後、慣例、慣行の見直しを行い、適正に指導を行っていきたい……」

さらに、現状として各学校ごとの祝い金の使途が項目ごとに上げてあった。それには学校ごとに多少の違いが見受けられるものの、行事の接待費、講師謝礼、移動教室の反省会、学校の備品購入に充てられているのが分かった。

そのほかに教育予算の中の食糧費の使途明細を調査し、学校行事の来賓賄いはすべて公費から支出していることを押さえたうえで決算委員会で取り上げた。財政担当の参事は、

「催し物等における祝儀の取り扱いは、地方自治法第二百十条の総計予算主義の原則で、歳入に見込むもので、来賓よりの祝儀は市の歳入に入れて公金として取り扱うことになる」

と明確だ。そのうえで教育委員会に矢を向けた。

「祝儀は公金ですから、ただちに指導して改めるか？　なんなら、この際、各学校の領収書や帳簿等も見せていただかなければいけないが、ただちに改めますか。」

これは脅迫に等しい迫り方である。金額を除き実態を文書で回答させ、公金として取り扱うべき法律上の根拠を明らかにし、是正を迫ったものである。これでただちに改める約束をしなければ、学校保存の一件書類の提出を命ずることになるのが分かっていることから、教育長と学校教育部長は顔を見合わせた後、「ただちに適切な指示をします」と答弁があったので、「全容暴露」の執行を猶予しておいた。

半年後の決算委員会に改めて祝儀の実態の報告を求めたところ、百八十七万一千円が違法に使用されていたが、新年度から完全に改められたという答弁を信じ、返還を求めずに一件落着とした。

学校と警察と消防団は寄付と祝儀とただ酒が多いところだが、消防団は早くからあしき慣例は改善されている。警察にはわたしの調査権が及ばないので実態は闇の中である。

第十章　議員と有権者は同レベル

自治会は役所の下請け

市が自治会に配布を依頼していた市報等を新聞折り込みに変更するまでに二十年を要した。最初に主張したのが当時の新住民議員のわたしだったせいか、猛反発があった。

「俺たちは役所の仕事を手伝うために自治会を作ったんだ。よそ者（他から転入した者）が勝手なことを言うな」と抗議の声が届き、幹部職員も平気で「新聞折り込みにするより、自治会に頼んだほうが安く上がる」と自治会を行政の下請け機関の感覚で扱っていた。

大規模な新団地の入居が始まったときに、既存の自治会連合会を使ってビラで自治会結成を呼び掛けることを何の疑念もなくやっていたほどだから、下請け感覚は役所と住民の両方に共通したものので、自治会長に手当が支給されていた時代は長く、わたしが指摘して廃止に追い込んだが、そのときもわたし一人が自治会長の既得権を犯す悪者のように言われたものである。

「自治会を行政の下請けのように考えるな」と主張するたびに、保守系の議員はこれまた揃って「自治会に入らない市民は市報を役所か出張所に取りに行けばいい」「配布してもらいたいのなら、自治会に入ればいい」「自治会は市から貰う配布手数料がなくなると、収入が減って困る」と抵抗した。

新住民が増えるにしたがって自治会未加入所帯が年々多くなっているのは役所側でも認識しているのだが、旧来からの自治会の抵抗の強さから改革に躊躇し続けていた。「行政サービスは公平でなければならない」と主張し続けるわたしの主張を無視することはできず、やっと重い腰を上げて新聞折り込みに踏み切ったのが、最初の主張から二十年以上も経った九三年度になっていた。新聞未購読の世帯には申し出によって郵送方式も取り入れた。折り込み紙は朝日、読売、毎日、東京、産経、日本経済の各商業紙で他に赤旗、聖教新聞の読者が多いことから、この二紙にはサービスでの折り込みを依頼した。

この折り込み方式にも苦情がくる。苦情というより言いがかりである。

「わが家では○○新聞と聖教新聞を購読している。ダブって入れるのは資源の無駄になるのが議員には分からないのか。各家庭で読んでいる新聞くらい調べてダブらないようにしろ」

苦情電話を受けた市の広報担当者は丁寧に説明せずに、「議会が（折り込み予算を）決めたからです」と答えるだけで後の説明は省いたようだから、苦情が議員のところにくるというふざけた話になっていく。

国民健康保険税の徴収も地区の婦人会に委託して手数料を支払っていたが、納税者のプライバシーの問題から委託方式を改めるよう切り込んだときも、「婦人会は長年、この手数料を積み立てて旅行費用に充当しているので……」と言い、廃止決定が難航したことがあった。納税貯蓄組合への違法補助金を暴き全国に先駆けて制度の廃止に追い込んだが、これもわたしが既得権を無視して議会で取り上げたかのように悪口の対象にされていた。

昔ながらに役所をお代官所と考え、第二次大戦中の隣組の意識から何も変わっていない官民一体の考え方が行政の発展を阻害しているといっても言いすぎではないようだ。

自治会費にランクづけ

新住民と称する匿名電話で「自治会費にランクづけがあるので自治会の発言権に制約がある。なんとかしてください」というのがあった。自治会に介入することはできないので断ったが、念の為に調査してみたところ、まさかと思った苦情は真実で、保守系の議員が「ああ、うちの部落じゃ五段階にわかれていて、おらほ（俺の家）は一番高いランクだがね」といともあっさりと得意げに教えてくれた。

この市で「自治会」の名称が用いられるようになったのは一九五四年の町制施行時からで、市史調査報告書によると、それまでは「○○部落」「○○区」などと呼ばれていた。その名残が今でも根強く残り「おらほの部落じゃよう」と保守系の議員間でもやっている。

自治会費のランクづけの歴史的経過も市史調査報告書に載っている。近年は新住民の増加で自治会費の徴収方法にも変化が出てきているが、例えば、M自治会では以前は自治会費に七段階ものランクを設け、家や畑を見て金額を決めていた。発言権のほしい人が「もう少しランクを上げてくれ」と頼むこともあったという。端的に言えば、自治会費のランクがステータスとしての意味合いがあったようである。M自治会にはいまだに「持ち家」と「貸家」との二段階が残っているとのことで、この多少の変化でも「持ち家」の家格を意識する層には不満が残るようである。「まさか、貸家の連中と同じ会費にする訳にゃあいかねぇべぇ」と平気で口にする議員もいるのだから、匿名電話の主の不満も当然である。

一九六〇年ころまで十四段階あったものが、四段階を経て一律になった例もあるが、そのような例は少数である。

第二次大戦前までは、他からの転入者は地域の寄り合いに酒などを持参で挨拶することを要求されたというし、婦人会、在郷軍人会、青年団、消防団に加入するにも土産を持参しなければ加入できなかったという。やっと加入しても新加入者は末座に座らされ、なかなか役員にもなれなかった。つい最近になっても、自治会に加入すれば冠婚葬祭に当番制で駆り出され、市議会議員の選挙があれば、地域から議員を出すのは「部落の発展のため」などと当番を割り当てられる。それを断ると、「あれは共産党?」「まさか、富久尾の支持者じゃああんめぇなぁ」と陰口をきかれる煩わしさから、最近は自治会に加入しない人が増えているようである。

いまだに「東京村」と揶揄されるにふさわしいのか。

自治会と言えば、過去にはこんなこともあった。

「都営住宅団地の連合自治会の役員をしている共産党の女性議員が、自治会の交通費を不正に使用しているから調査せよ」というもので、そのころ、共産党を除名になった顔見知りの人物からのものだった。

「自治会の会計は監査を経て総会で認められているんじゃないの？」

と言うと、相手は「自治会の役員もグルだからあんたに頼んでるんだ」と言う。

「自治会の中で適正に処理されているものに口出しはできないよ。」

突き放した言い方が勘に触ったのか、相手は電話の向こうで怒りだした。

「なんだ、市民が疑惑に気づいて解明を頼んでいるのに、議員のクセに市民の要求を無視するのかッ。」

とうとう怒り出した。共産党の地域の幹部だったと本人は言うが、この程度で幹部とは聞いてあきれる。

「勝手にしろ。」

一言怒鳴って電話を切った。

商店連合会と意地の張り合い

「大型店出店絶対反対」の商店連合会と議会の厚生産業委員会との間に意地の張り合いが続いてい

た。

一九六九年九月に同委員会は商店連合会提出の「大型店出店反対」の陳情を全会一致で不採択にしたところ、連合会側は一年後にほぼ前回と同一内容の「〇〇武蔵村山店出店反対に関する陳情」を出してきた。委員会構成は前と同じだから、ここで陳情がどう処理されるのか興味があったので委員会をのぞいてみたところ、案の定、委員会は今度は全会一致で保留＝廃案にしてしまった。委員会は過去に商店連合会に裏切られたのを忘れてはいなかったのである。

傍聴にきていた商店会役員の一人はこの結果に怒り「次の議会にも陳情を出してやる」と息巻いて帰ったが、出し直しても採択される見込みがないと思うとおかしくなってきた。

市の買い物動向調査によると、市内の購買力の八割が市外に流れている。この現状から、大型、小型を問わず店舗が不足しているとみるのが常識だが、商店が増えることを望む声は議員の耳に届かない。その反対に大型店反対の商店連合会の声が議員に圧力となっていた。

十年ほど前に市内のZ地区にスーパーの出店計画が表面化した際、商店連合会の要請を受けた議会が、簡単に「出店反対」の決議をしたことがあった。それを頼りに商店連合会は青年部を中心に予定地に座り込むなどして反対運動を続けていたのだが、いつの間にか、連合会の役員が問題のスーパーの中に出店することで手打ちが成立し、議会は何の挨拶もなく梯子を外されていたのである。

議会構成は当時とは相当変わっているが、同じ轍はだれだって踏みたくないのだから多くの議員がソッポを向くのはやむを得ないことだった。もう一つ、議員を辞めた後に商店連合会長に納まった人物が、商店会も知らないうちに自分の住む近くにスーパーを誘致したのだから、議会の連合会に対する不信感は高まる一方で、それ以来今日までその種の陳情は出たことはない。

自治会も新聞販売店も政治的

公共施設の建設計画をめぐる違法事務を暴露して時の市長を引責辞任に追い込んだとき、事件の顛末を書いた「議会通信」を新聞折り込みで全世帯に届けようとして断られた。

印刷が上がった段階で折り込みの窓口の新聞販売店の店主が、「内容が政治的なものはどうも……」と渋り出したのである。論争する気もなかったので学生などのボランティアに依頼して全戸配布を終えたのだが、旬日を置かずに次の市長候補と目される人物の、もろに選挙の事前運動その物の経歴書や政策ビラが全新聞に折り込まれた。わたしの「議会通信」は〝政治的〟で、選挙の事前運動まがいのものは〝政治的〟ではないと、だれが判断するのか疑問である。何か基準のようなものがあるのかどうか調査してみようと思っていた矢先、今度はわたしを挑発するように、自民党の新聞「自由新報」を使った市議会議員の薄汚い顔写真の入った宣伝ビラと保守系会派の政治宣伝ビラと続くにおよび、わたしだけが村八分にされているような気分に襲われ、持ち前の闘争心は萎えかかった。

どうやら、わたしの「議会通信」を折り込むと、新聞販売店には読者から苦情があるようで、それが不買運動にもつながりかねないと新聞販売店を〝政治的〟にさせているようである。まるでオウム信者並みの忌み嫌われ方である。

ところで、わたしの支持者の中にも相当〝政治的〟な方もいるようだ。わたしが「議会通信」を発行・配布するたびにそれを自治会の回覧板に挟んで一緒に回覧させるという荒技を使う人もいて、時々苦情がくる。匿名の電話で文句を言われたって、発行者のわたしのあずかり知らぬことを謝る必要もないので、「ああ、そうですか」と言って電話を切ろうとしては相手を怒らせている。時には自治会の掲示板にも張り出されることがあり、これも苦情電話となる。「自治会の掲示板だから、政治的なものに使うな。ましておめぇはここの自治会じゃねぇだろう。すぐ剥がしにこい」と言われても、特定世帯と不特定多数の世帯に配布した「議会通信」の一枚一枚の行き先に責任を持つことはないし、だれが掲示板に張ったか分からないので、自分から何らかの対応はしたことがない。これも逆に〝政治的〟と言われるのか？　そうかと思うと、ある浴場主が「自分だけ読んで捨てるのはもったいない」と、わたしの「議会通信」を脱衣所に張ってくれた例もある。そこで読んだといって支持者になってくれた人もいるのだから、まさに世は様々である。

わたしの「議会通信」は市役所の全職場に配布していた時代があったが、なぜか「おもしろい」と人気があり、特定の数人に交付したものでもその日のうちに大量のコピーになって広がることが分かったので、最近は経費の節約を考え二、三十枚の配布にとどめている。時には、発売予定の単行本の売れ行きを考え、その著作権を守るために、「無断コピー禁」と書いたり、「無許可複製不可」と入れたりしてみても効果はないようだ。今後は無断コピーのものを持っている者からは料金の徴収を考えている。ただでさえ低額に押さえられている議員報酬を補うには小額すぎるが、これはわたしの〝政治的〟判断である。

隣町の新助役が放言で自滅

九一年八月二日の「都政新報」紙上に隣の市の新助役のインタビュー記事が掲載され、一騒ぎとなっていった。隣の市役所がわが市役所を指導していると言うのだから、指導されている武蔵村山市役所はピリピリッとしてしまったし、かなり言いたい放題の談話だったから、波紋の大きさには発言したほうがびっくりするというお粗末なことになった。その記事は、

「東大和市と武蔵村山市は、昔から兄弟のような関係、そういうこともあって、何かと武蔵村山市は、東大和市の方を見て仕事をする。冗談のようなこんな話が、よく東大和市で聞かれる。武蔵村山市の職員から電話がかかってきて、これこれの問題は、どう対処したの？　と尋ねるんです。東大和では、こうしたよと説明すると、ちょっと今から行っていいかな？　と言う。三十分くらいしてからやってくる。決裁の資料を出して説明すると、そのコピーもらっていい？　と聞く。だからコピーを提供すると、日付とか、必要なところは変えて、武蔵村山市ではそのまま決裁を取りに行くんですよ。

東大和市の職員が言うには、武蔵村山市では、たぶん何も考えずに行動してしまうんだろうなー。だから議会で質問されて答弁に立ち往生してしまうんだろう。

東大和市と武蔵村山市、どちらも住宅都市で、地味なところだ。しかし役所の体質、議会運営な

どで随分開きがある。その理由をI助役に聞くと、『東大和の方が、都会の洗礼を早く受けたかもしれない』と話す。自分の部下だけでなく、行政執行の面で武蔵村山市からも『手本』にされる現状がある。それだけに東大和市の助役職は責任重大だ。」

これを見てわたしは独りでにやりとした。言いたい放題に喋るのはいいが、「オフレコ」と言わなければおもしろいところは必ず活字になる。くだんの助役はわが市役所に釈明にきたり、三多摩の助役会でも釈明に努めたということで、ひとしきり笑い者になっていた。わが市議会ではご立腹の方々もいたが、この一件をわたしの「議会通信」に克明に書いて東大和市の職員に一枚届けたところ、先方の市役所にたちまちコピーが出回って、当のI助役が「隣の市のふくお議員の紙爆弾に書かれちゃった」と頭を抱え、インタビュー記事を掲載した新聞社に泣きこんだということで、新聞社から「お手柔らかに……」と電話があった。

共通する程度は同低度

隣接市の助役にまでご指導、ご心配をいただいているようなので、職員も議員も心して勉強しなければ、ますます、東大和市に置いてけぼりをくいそうである。

「ふくおさん、機関委任事務って何ですか?」と電話をよこしたのは東大和市の社会党の市議会議員（故人）。「ふくおさんは勉強家だから教えてください」と前置きがついていたが、何期もやっていて、これで議員が勤まるのだからこの稼業は気楽なものである。

「地方自治法を勉強して別表を読んでください」とだけ言っておいた。

ある一部事務組合の議会の会議で一緒になった際の立ち話で、当時の東大和市長のO氏（故人）が、新聞沙汰になっていた同市の事件のことで、「某議員が監査請求を出すと言っていたから、わたしはもう監査委員に手を打っておきましたよ」と口にした。

この言葉には驚いた。この市長は議員歴もあり、市長を何期も続けていた人だ。市長と監査委員の関係は多くの自治体で癒着の関係にあり、監査委員が市長の防波堤役になっているが、原則を知っている限り口にする言葉ではない。

他市の例を書いたのでわが市のことも書かなければならないが、特定の職員の名前を上げ「異動先でどこかご希望があれば……」とわたしの意見を聴きにきた市長の例もある。どの議員にもやっている恐れがあることから、この一件は本会議で暴露しておいた。

教育長のOも同低度で、同じようなことを繰り返していた。「公民館長の任命にはあらかじめ公民館運営審議会の意見を聞かなければならない」と社会教育法に規定されているが、市長から協議があったことをもって市長の命令と思い込み、公民館長の異動では法定の手続きもせずに発令し、そのたびにわたしに追及されては陳謝を繰り返していた。

どこの自治体も同じようなものと書けば異論・反論があるかもしれないが、少なくともわたしの目には、近隣市も似たりよったりの同低度に見えるのですよ。

座布団の下に金包み

長く議員稼業にあるものだから、この間、四人の市長とつき合ってきた。すでに三人が世を去っている。

わたしが仕掛けた政変でその中の一人が退陣の瀬戸際に追い込まれていたとき、後釜を狙っていた人物には「敵のそのまた敵は味方」とのことわざどおり、わたしが力強い味方と見えたようで、「市政のことをいろいろと教えていただきたいので……」と電話の後、押し掛けてきた。

具体的な話にも入らないことから、

「ところで、ご用件は……」

促したところ、

「いやいや、お忙しいでしょうから、また改めて……」

相手はそそくさと腰を上げた。立ち上がる際、何やら座布団の下に潜り込ませるようなしぐさが見えたので、「それは何でしょうか？」とわたしが立ち上がって確かめに動いた間に、相手は玄関に向かっていた。慌てて手にとってみると封筒に分厚い札束が入っていた。「買収だ」と玄関まで追い掛けて「何ですかこのようなもの、お持ち帰りください」と言ったときには玄関のドアが閉まるところだった。

「まあ、まあ」

声を残して走り去って行った。

ただちに、後援会の主だった者たちを集めてこの一件を報告し、「その筋に届けに行く」と言ったところ、全員が「ここで突き返しておけば、二度とやらないだろうから……」と言うので、問題の人物の取り巻き議員を呼び、事情を話して突き返しておいた。その後、新住民の多い都営団地で不幸があると、全く交際もないのに酒が十本程と、香典が三〜五万届いて周囲を驚かせていた。これ幸いと戴く者ばかりで、「せっかくですが……」と返しに行ったという話は耳に入ってこなかった。

市長選挙に出るのに一億円用意したとの噂が流れていたのを聞くと、やっぱりそれくらい掛かるのかと感じ入った次第。人様の金（カンパ）で当選させていただいているわたしとは異なる、別な世界があるようである。

第十一章　横田基地と武蔵村山市政

下水道料金で密約的覚書

米軍横田基地東住宅・千百十戸の汚水排水は一九八七年以来、武蔵村山市の公共下水道に接続されている。接続に当たり市は防衛施設庁と協定を締結していたが、協定後に米軍と覚書を結び下水道使用料金に優遇措置を取っていた。

下水道条例を市民と同様に適用すれば最大排水量では年間に約一億二千万円徴収できるものを、三千万円程度になるような特殊な計算方法を覚書で約束していたのだから、まさしく反市民的である。

米軍にはこのような大サービスをしながら、その一方で市は、第三者機関の「公共下水道事業財政健全化検討委員会」を設け、下水道料金の値上げを諮問していた。

「密約暴露の時はいま」と判断したわたしはこの絶好の機会をとらえ、九三年三月議会で覚書の存在を暴露した。「特定な使用者に対し差別的な扱いを禁じている下水道法と市の下水道条例に違反している」と追及すると共に、その時期に料金値上げを検討している姿勢を「反市民的」と批判し、覚書の撤廃を強く求めた。そのうえで、第三者機関の検討委員会に下水道使用料の値上げを諮問しているのなら、そこにこの事実を報告して答申を求めるよう要求した。助役はそんなところに諮問して料金値上げにストップがかかってしまったら大変と思ったのだろう。市長と相談し「必要があれば諮問する」と逃げの答弁をしたが、そんな逃げ道をわたしが認めるわけがない。市長が検討委員会に諮問を約束せざるを得ないところに追い込んでおいた。

こうしてわたしの描いた筋書き通り、検討委員会の答申には「横田飛行場東住宅地区の下水道使用料について」として一項目設けられ、「……市民と同様な取り扱いにすべきである」となっていた。得たりや応とばかりに、この答申が出た直後の決算特別委員会でさらに追撃し、「横田基地の料金問題を解決せずに、答申の料金値上げ部分だけをつまみ食いするわけにはいかないよ」と、同時決着を約束させて料金改定に歯止めを掛けてしまった。

それから二年半、市が米軍に覚書の改定を求めてから一年経った九五年の八月になって回答があり、一九八七年以来続けてきた優遇措置が九六年度から廃止・是正されることになった。この間、八八年度から九五年度までの減額分は約五億円に上っていたのだからあきれたもの、わたしの好奇心が、横田基地と市との間の下水の接続協定と、それを基にした覚書を発見しなければ解決しなかった問題だった。

本会議のわたしの暴露発言は当時の新聞にも大きく報じられているのだが、たまたま、検討委員会の委員に共産党議員がいたことから、以後、共産党のビラには一貫して「共産党の奮闘で……」と成果が強調されている。市職員の中には「ふくお議員が取り上げたことなのに……」と言う者がいるが、「検討委員会で共産党も奮闘？ したんだろうから、いいじゃないか」と言っている。共産党も公明党も体質は似ていて、良いことがあれば、その成果はすべて「わが党の……」とやっている。

ふくお流儀で市側をがんじがらめに締め上げ、市の財政と市民のためになる結果を得ることができたが、わたしにとってはそれだけが大きな喜びとなる。市民にとって最も必要な議員は自分であるとの自負はあるが、これらの成果が必ずしも評価につながらないのは、いささか癪に触ることではある。本当はもっと市民の評価が上がっても良いと思うのだが、選挙のときに「お願いします」とは口が裂けても言わないため、いつも、すれすれの下位当選である。毛針に弱いわが国の有権者の感覚なんて当てにならないものだから、しょうがないとするか……。とは言いながら、わたしの議会活動の実績には、二十二の納税貯蓄組合への年間約九百万円の違法補助金を暴露・追及し、全国のトップをきって二十五年近く続いていた補助金制度を廃止に追い込んだ実績もある。「なんでも反対」と陰口を言われるが、行政の不正義を粉砕するわたしの活動が、市民に多くの利益を還元している事実を正当に評価してもらいたいものである。

全住宅にディスポーザー

横田基地の下水道料金を取り上げ、大きく報道された直後に匿名で貴重な情報が入った。

「横田基地の下水道料金の記事を見ました。実は、別のことなのですが、米軍住宅にはすべて、ディスポーザーが設置してありますが、ご存じでしょうか？　いろいろと公共下水道と流域下水道の終末処理場に弊害があるので、東京都も都民に自粛を求めているはずです。鎌倉市では条例で厳しく規制しています。調査のうえ取り上げてください。」

相手は名乗らなかったので敢えて聞かずに「そうですか、ありがとうございます」と言って受話器を置いた。

わたしはどんな情報でも決して聞き捨てにはしない。風の噂のような情報からの徹底調査で証拠を握り、議会で追い込んで行く手口は「ふくおひろしのデスマッチ」として世に名高い。情報収集と、それを基にした調査なしでハッタリだけでは議員は務まらない。

翌日からただちに調査を始めた。ディスポーザーの弊害を具体的に記載した東京都の資料に目を通した。それには、①公共下水道の水質汚濁。②終末処理場の能力不足。③富栄養化物質の増加。④節水型都市つくりに逆行等が挙げられている。

条例で規制している、所沢、狭山、鎌倉の各市の条例も入手した。さらに議会の調査係に依頼して、鎌倉市から詳細な資料の提供を受けた。武蔵村山市でも市報で「ディスポーザー使用の自粛」を繰り返していることまで調べておいた。

そのころ、思いがけない幸運が転がり込んできた。調査の熱意がどこかに伝わったのか、決定的な証拠物件がわが家のポストに届いたのである。それは横田基地住宅のキッチンの設計図で、なんと、全戸にディスポーザーを設置することが明記されているではないか。

動かぬ証拠を手にしたが、さらに、からめ手からの調査をすることにして、次の調査をするよう市長に要求した。

「横田基地の生ごみ、瓶、缶、粗大ごみの収集・処理方法について調査のうえご回答いただきたい」と。

生ごみの回答に興味を持っていたのだが、後日、担当部長から電話連絡があった。

「防衛施設庁に行ってきたのですか、先方は何か警戒しているようで、『議会で何か問題になっているのでしょうか』と聞き、後日、基地のほうから答えさせますと言われました。それで議員に対する回答は少し遅れます。」

防衛施設庁は、回答の内容を米軍基地側と打ち合わせたかったのだろう。案の定、一カ月近くも経って、基地側から市にファックスで届いた回答には、「分別せずに一括収集」となっていた。生ごみの事実を隠しているのは、ディスポーザーについての日本側の方針を承知していることを裏付けたことになる。

大事件が発生したときの国会議員の先生は「証人喚問だっ」と大騒ぎをするが、調査力も意欲もまるでダメ。週刊誌や新聞を手に質問するだけで、真相に迫ったことは一度も見たことがないが、わたしの追及は独自調査による豊富な資料を手にし、別件に絡めて基地側の嘘回答を引き出し、そのうえ、動かぬ証拠の図面まで持ち出しての追及だから、自分でいうのもおこがましいが、国会の先生方とは迫力が違う。こうして準備万端整ったところで、九三年九月議会で事実を暴露することとなった。ディスポーザー使用の弊害を述べ、東京都と市の方針を確認した後、「ところで」とおもむろに切り出した。

「横田基地の下水道は市の公共下水道に接続されているが、千百十戸の住宅にはすべてディスポーザーが設置されている。わたしの手元にはそれを証明する図面がある。」

大きな図面を開き、自席から高々と掲げてみせ、

「市はこの事実を承知のうえで放置していたのか。知らなかったのなら、立ち入り調査のうえ確認し、撤去を求めるべきではないか。ごみ処理に関する調査では基地側は嘘回答をよこしている。」

証拠を突きつけての暴露質問だから、議場全体がシーンと静まり返っている。しばしの休憩後、市側は「知らなかったが、調査のうえ事実確認して撤去を求める」と答えたので、暫くの時間を貸すこととした。

取材にきていた朝日新聞が「武蔵村山市が立ち入り調査の意向」と記事にした。その記事に「防衛施設庁は全国の米軍基地の家族用住宅八千二百戸にディスポーザーが設置されているのを認めており、今後、基地周辺の他の自治体で問題になる可能性がありそうだ」とあったが、いまだに一つも解決したという話は聞かない。

補助金で頭撫でられ及び腰

基地が存在するがゆえに騒音、交通渋滞等々の問題があるが、歴代市長は米軍基地に奉仕するのは当然の務めと考え、必然的に国のご機嫌取りに精を出し、市民の存在は忘れられている。

かつて、市が「非核平和都市宣言」を行った際、「横田基地があり、各種補助金を貰っているので……」と消極的だった市側に対し、市議会が決議を突きつけて宣言を迫ったことがあった。このように市を及び腰にさせるほど、民生安定と称する国の補助金ばらまき政策は功を奏している。確かに基地周辺自治体の事業には防衛施設周辺事業としてあらゆる補助金が付く仕組みにはなっているが、国有財産台帳は非公開で、基地交付金と固定資産税相当額との差異を見ると分かるように、基地交付金は固定資産税相当額とはほど遠く、自治体の財政に大きくのしかかっているのが実態である。

平成9年3月7日
市民部税務課

基地交付金と固定資産税相当額との差異

単位：千円

年度		平成6年度	平成7年度	平成8年度
国有提供施設等所在市町村助成交付金対象資産価格（A）		51,913,817	51,906,396	57,726,862
固定資産税（A）×1．4％		726,793	726,689	808,176
都市計画税（A）×0．25％		129,784	129,765	144,317
計（B）		856,577	856,454	952,493
交付金	助成交付金	429,056	429,056	438,669
	調整交付金	41,262	47,864	47,864
	計（C）	470,318	476,920	486,533
差額（B）-（C）		386,259	379,534	465,960

＊　対象資産価格は、国有財産台帳価格。

軍人・軍族の軽自動車税にも特恵

基地被害として余り知られていないことに、米軍関係者に対する軽自動車税の減額の特例がある。これは一九五五年の「合衆国軍隊の構成員等に対する自動車税の不均一課税の適用について」という一通の国の通達を根拠として市が条例で減額しているものである。

軽減税率を規定する条例は「アメリカ合衆国軍隊の構成員等の所有する軽自動車等に対する軽自動車税の賦課徴収の特例に関する条例」というながったらしい名称の条例で、軽減の根拠を前記の通達と、地方税法第六条第二項の「地方団体は、公益上その他の理由により必要がある場合においては不均一の課税をすることができる」との規定を根拠としているのである。

初当選以来、この不平等な制度の廃止を求めると共に、市民にこの事実を公表し続けているが、三十年程の間、市民の側からの反応は皆無である。武蔵村山市は横田基地、立川基地に囲まれ、安保体制の谷間に位置するような地理的条件下にありながら、飛行機の騒音被害が多くないことから、市域内に横田基地の一部が存在していることすら余り知られてはいない。残念を通り越し、市民のこの無関心さが、わたしの心に空しさを呼び寄せているのである。

基地内の焼却場はノーチェック

ダイオキシンによる環境汚染が全国的な問題となっているので、市内のダイオキシンのすべての発生源の現状を取り上げ、学校等公共施設の焼却炉の廃止と家庭用小型焼却炉の補助制度の廃止を求める一般質問を行い、横田基地の大型焼却炉十一トン炉二基の現状の報告を求めたが、公害のチェックを施設設置以来十五年間に一度も行っていないことがわかった。わたしの質問通告があるまで職員のだれもが当該焼却炉の存在を忘れていたということで、市はあわてて防衛施設庁に資料の提供と立ち入り調査を求めることになった。まさに言語道断の醜態である。

市域内に存在する横田基地東住宅地区には基地内の米軍関係者一万二千人分のごみを焼却するため、一九八二年に市が施設建設に同意しているが、当時の市長は、「廃棄物処理及び清掃に関する法律並びに東京都公害防止条例の適用の有無」を問い合わせ、文書で確認後に同意しているのだから、施設稼働後は公害発生の状況を把握するのが当然だが、そのチェックを怠り、ダイオキシン削減対策のガイドラインが示されているのに大型焼却炉の存在に気づかなかったとは、職務怠慢で責任重大である。

わたしの指摘で、急きょ、「東京都と周辺市町の連絡協議会を通じ資料の提出と基地内の立ち入り調査を求める」ことになったが、基地関係の連絡調整は企画財政部、ごみと公害は生活環境部に統合された縦割り組織はやむを得ないとしても、職員の意識改革はどうか?

数人の部長職が「基地内のことを良く気がつきましたね」と驚いていたが、わたしの頭脳の構造は公務員と異なり縦割りに区切られていないし、だてに七期も議員を続けているわけではないから、十五年前に議会に提出された資料の存在に気づくのである。

職員が縄張り意識丸出しで、緊張感もなく漫然と仕事をしているようでは、行革の一貫の組織改正も役に立たないと〝紙爆弾〟で断定しておいた。

第十二章　戦いのテクニック

下水道料金を巡る十年戦争

下水道料金が十四年振りに二十四％アップで可決されたのが九六年九月議会。この間の市側と議会側（事実上わたし）との駆け引きと戦いは、一つのドラマのような展開が続いていた。

わたしの得意のデスマッチ追及に市側がからめ捕られたのは、一九八五年一月の臨時会が始まりだった。下水道使用料の約十三％のアップ案が提案され、提案理由の説明で「三年後に六千四百万円の赤字が出るから……」とあったが、その一方で日産自動車村山工場から出る工場排水の日量四千五百トンが下水道に接続されていないことが分かり、それを接続させれば黒字になることから、二回にわたる会期延長の中でわたしの雨霰と繰り出す質問に市側は対応できず、議案は撤回となり、事実上の廃案となっていた（『東京村デスマッチ議員奮戦記』朝日新聞社刊に詳述）。

そして八七年、問題の日産村山工場が工場排水を公共下水道に接続したのを機に、市長は九二年に下水道事業財政健全化検討委員会に料金の改定を諮問した。この委員会は市民各層から選ばれた第三者機関で、議会からも三人入っていた。議会で希望を募って共産党、公明党、〝隠れ自民〟が手を挙げたので委員として認めたのだったが、わたしとしてはひそかに、料金値上げにつながる検討委員会の委員に共産党はいかなる考えで希望したのかと心配し、後日、同検討委員会の会議録をチェックしてみたが、共産党の委員が値上げを阻止しようと意図した発言はなかった。後日、それが物議をかもす原因となっていった。

横田基地との密約を暴露

九三年三月議会、下水道事業財政健全化検討委員会の検討のころ合いを見計らっていたわたしが、かねて手にしていた、米軍横田基地東住宅地区の下水道使用料を巡る密約的な覚書を本会議で暴露した（十一章参照）。

こうして九五年十一月、国が米軍に対する思いやり予算で下水道使用料を全額負担することになったのに伴い、市民と同様に徴収できるように覚書が改定された。ここで市側はやっと料金改定の障害はなくなったと見て、同年十二月議会に料金改定の条例改正案を提出してきた。ここでもまた仕掛けることにした。

定例会開会の数日前、共産党の議員団長に「否決に動くからな」と同調を求めた。値上げにはなんでもかんでも反対の共産党に異論のあるはずもなく、「頼むよ」となった。

〝隠れ自民〟の会派はなんとか説得できるとは思ったが、なんでも賛成するクセのある彼らは、反対＝悪と認識している節があるので、事前に唾をつけるのは避けておいた。社民党はどっちに転ぶか信用できないので様子を見ることにして定例会に臨んだ。過半数を確保できるかどうかぎりぎりのところだったが、本会議ではわたしと共産党が交互に質問攻めをやりながら議場全体を異様な雰囲気に誘導していった。質疑・質問に一切の制限のない議会のルールがこのような場合、絶妙な効果を生む仕掛けとなる。

夕方になって隣席の共産党議員が「もうそろそろ、質問のねたが切れる」と不安を漏らしたので、「大丈夫だ。そちらが切れたら、また俺が続行するから……」と励ましながらその日は時間がきて延会となった。わたしが質疑の中で要求した資料は用意するのに相当な時間がかかることから、わたしの手口を知っている一部の管理職の間に「ふくお議員は議案撤回か否決を狙っているのでは……」との不安が広がっていったようである。

その日の本会議が終わった後、問題点を次のように整理した。

一、提案は九三年八月の答申のアップ率（三五・八％）をそのまま出したもので、米軍　横田基地からの増収分を見込んでいない。

二、米軍横田基地との新覚書の汚水量の認定方法が一般市民と異なっている。

三、大口の日産村山工場の汚水量の認定方法が一般市民と異なっている。

共産党には他の会派との調整は無理なので、薄暗くなった議長室に〝隠れ自民〟の会派代表を呼び、問題点を説明した。何も準備していない連中でも、一日中黙って本会議のやり取りを聞いていたのだから、飲み込みは早かった。そこで否決に同調するよう次のように指示した。

「議会全体が異様な雰囲気を感じ始めている。そこで、明日の朝からまた俺がデスマッチを続ける。最初の休憩に入ったころ、議案の撤回を求め、それに応じなければ否決に持っていく。指示するまでは会派の仲間にも黙っていてくれ」と、「はい、分かりました」。

否決の路線は引かれたが、これでも過半数に一人足りないのだが、翌日の午前中に一人会派の社民党議員が異様な雰囲気を感じとったようで、「あのまま通すわけには行かないのでは……」と接触してきたので、本音を話して同調を求めた。ここでもう一人、わたしの意見を聞きにきた他の無所属新人（後にわたしと会派を組んだ）一人を同調させ一挙に市民連合（ふくお）主導で五会派の共闘が成立した。

審議二日目の昼休み、五会派代表を委員会室に集め、落ちこぼれのないように次の二点を確認した。
①議案の撤回を求める。
②撤回しない場合は否決か廃案にする。
これでいつ採決があってもよしという条件を整えたが、与党の公明党などの質疑を保証するため、午後からの質疑は遠慮した。

公明党の新人議員が質疑で、「横田基地のことをからめてグチャグチャ言っているが、そんなことは国に言えばいい。料金改定には関係がない」とわたしと共産党議員を当てこすっていたが、この人は横田基地の下水道が市の公共下水道に接続されていることも、覚書の当事者が横田基地司令官と武蔵村山市長になっているのを知らないことからの暴論だから、同じ党の先輩議員は嫌な顔をしている。この不勉強野郎が与党議員だから遠慮しているのか、市側も説明しようとはしない。くだんの議員は「反対しようとしている議員の中に値上げ答申を出した検討委員会の委員がいる」と質疑にもならないことをやっていた。共産党の議員が料金のアップ答申に加わっているのを指摘しているのだが、これには共産党議員もせせら笑うだけ。

夕方から本会議は休憩となって市側から議会運営委員会を通して様々な接触（申し出で）があった。各個撃破のような説得もあったようなので、保守派には控室に群れているように指示しておいた。市側には撤回しなければ否決もあり得ると回答してあったが、それを受け入れないため、夜中のテレビカメラが回る中でしゅくしゅくと否決した。反対することに不慣れな議員もいることから落ちこぼれに少々不安だったが、裏切り者は出なかった。

保守系〝隠れ自民〟を賛成要員程度にしかみていない市の幹部連中が、「ふくおマジック」にからめ捕られてしまった彼らの現実の姿に触れ、自席で呆然自失の体となっていた。

報道機関でただ二社だけ、否決に誘導していくわたしのテクニックを数日前から察知していた東京新聞の記者とＭＸテレビがこの特ダネを大きく報じた。その記事と映像の中では、検討委員会委員としては料金アップに賛成しながら反対に回った共産党議員に対する不信感を与党側の言い分として伝えていた。わたしのところにきた新聞記者の取材には「わたしが共産党の立場なら、値上げを検討する委員を希望しないがね」と言っておいた。

市長に問責決議

値上げ条例否決でケリはついたが、それで一件落着としないところがわたしのしつこく生真面目なところ。定例議会の最終日に「市長問責決議」を用意して条例否決に回った会派をまとめた。条例提出の不手際を指摘し、いくつかの条件をつけたものだった。まさか、与党側がこれに同調するとは思っていなかったが、公明党代表が案分を調整してほしいと言ってきたので、次のように多少表現を弱めて妥協し、全会一致に持って行って可決した。

一、下水道使用料の改定に当たっては、横田基地との（新）覚書による増収分は「答申」に考慮されていないため、市民生活に配慮し、増収分をもって市民負担の軽減を図ること。

二、大口事業所等から輩出される汚水排水量の認定等の扱いについては、他市の状況を踏まえて調査・検討し、揚水施設にメーターを設置するなど市民との格差が生じないよう努めること。

三、略

わたしの言い分をすべて網羅したこの決議を可決した後、緊急質問で日産村山工場の年間揚水量の半分の約五十万トンが不明水になっていると暴露して調査を約束させた。新聞各紙の取材を受けた工場側は慌てて実態調査を行っていたようである。

この一連の追及と調査で明らかにした横田基地優遇措置による総額は約五億円に達し、総額はわたしの議員報酬の六十年分以上の額になる。この優遇措置を暴露して改めさせ、それで増収になる分を市民負担の軽減につなげようとしたのだから、「議会通信」にはわたしこそが最も市民のためになる議員と自賛しておいた。さらに次なる三月議会の最終日、決議で注文をつけただけでは責任を果たせないと、わたしの主導で「公共下水道に関する特別委員会」を設置した。

市長の問責決議につけてある、一、二の事項を調査する目的で設置したものである。ところが公明党などの与党は委員会参加を拒否した。「市長問責決議」で野党と共に問題点を指摘した与党が特別委員会に参加せずに拗ねていて、困るのは市側だということが分かっていないとはあきれた。頭数は揃っていても、政治家がいないようである。

格の違いを見せ付ける

調査特別委員会は五回の会議を経て、調査結果報告書を六月二八日の本会議に提出したが、かねてから疑問を指摘していた日産村山工場の扱いは、八七年以来、条例で義務づけられている「減量認定申告書」の提出がないまま、料金の基になる排水量の認定が行われていたことが確認された。工場側と水面下で何があったかは不明。

条例の条文解釈の確認を求めたわたしの質問に担当者は最初から答弁に窮し、「タイム」の連続となった。それでも志志田市長だけはだれに煽られたのか二日目まで、「自治省の見解では適法」と総論的な考えを繰り返して抵抗したが、逐条で質問する超々ベテランのわたしには通用しない。追及を逃れるのは到底不可能と気づいた担当部長が「ふくお議員には言い逃れできない」と下水道条例の解釈と事務の流れを市長に教え諭して納得させた、と言ってわが家を訪れた。「市長は法令を知らず、感情だけですから……、困りますよ」と呟きながら山ほど残っているわたしの質問事項を聞き、答弁までわたしに指導されて帰って行った。

志志田市長は翌日から無駄な抵抗を諦め、三日目、四日目、五日目と完全に沈黙し、お利口さんで座っていた。行政経験もなく就任した人だが、この辺でどうやらわたしとの格の違いが分かってきたようである。

自治体の職員は法律とそれに基づく条例によって事務事業を執行しているのだから、違法事務の追及に遭って「国は良いと言いました」と言い訳しても通用しないのである。

調査中に、ほかにも八件の条例違反の事実が判明し、報告書には法令に基づかない不適法な事務が具体的に認定された。条例や基準等の改正を含め「市民を公平に扱え」と報告書に盛り込まれたのはいうまでもない。下水道使用料の設定ではどの自治体でも政策的判断を加えているもので、それがなければ使用料が一挙に三倍になることも明らかにした。さらにその時点でも下水道未接続の事業所が七五件もあるのに、水の使用の実態や排水量のおおよその把握もしていないことも分かり、市側に一層の努力を促した。

こうして特別委員会の調査によって、改めて条例否決の正当性が裏付けられた結果となった。「市長問責決議」には「横田基地との覚書改定による増収分は『答申』には考慮されていないため、増収分をもって市民負担の軽減を図ること。大口事業所等から排出される汚水排水量の認定等の取り扱いについては市民との格差が生じないよう努めること」等の注文がついている。その決議の認識をわたしに問われた市側は「当然、留意している」と答え、今後は市民に公平に事務を行うことを約束した。

本会議の最終日に、「調査特別委員会の報告書と市長問責決議を尊重すること」との決議を与野党の賛成多数で可決した。いずれ条件整備のうえ料金改定が提案される場合、この決議の尊重の度合いが問われるのは当然で、そしてそうなった。

市側は再度、次の九月議会に条例改正案を提出してきた。特別委員会でわたしが指摘して認めさせた部分を適正化し、横田基地からの増収分を市民負担の軽減に当て、前回のアップ率を二四％にまで圧縮してあった。さらに大口優遇策を改め、水道使用量と汚水排水量が著しく異なる（一トン以上）場合は企業との格差をなくし、すべての市民が減量認定を申告できることになっていた。

一般会計からの持ち出しが多く、しかも十四年振りの改正であることと、市の財政事情には野党議員といえども責任があること、さらには決議の内容をほぼ満たした提案であったことから、野党ではあるが賛成した。

一方、共産党議員団三人はだれからも一言の質疑も討論もなく、黙って反対だった。一般社会では、言い分がすべて満たされた場合は反対はあり得ない。それが道義と信義というものである。だれから見てもおかしいと思うのは、

①共産党議員は検討委員会には希望して入っている。
②同委員会の中で料金引上げには賛成している。
③市長問責決議に付記した条件を市側は満たしている。

④特別委員会の報告を尊重せよとの議会の決議も満たしている。

それでも反対とは筋が通らない。共産党議員団の議会対応はわたしの理解を越えたところにあるようである。

はたして本会議終了後、議員や職員から一斉にブーイングが出ていた。「なんでもかんでも値上げ反対なら検討委員会の委員を希望しなければいい」「委員の報酬が目当てなんだろう」「保育料の検討委員会だってそうだった」と酷評されていた。わたしとしてもかばう気はなかった。

反対の本音が見えた

下水道料金問題が一段落したころ、ほぼ同時進行で国民健康保険税のアップ案が検討され、運営協議会から二七・四四％アップの答申が出たので、次の議会に議案として提案される予定になっていた。年が明けてから共産党の議員団長から、「保守系会派にアップ幅の修正案の話をつけてもらえないか」との申し出があった。下水道で味を占めたのだろうが、共産党は他の会派に影響力がないことから、わたしが動かなければ何も成果が上がらない。成果が出ればそれを独り占めするのは分かっていたが、「いいよ。でも、共産党は俺がまとめる修正案に本会議で賛成してくれるのかい」と痛いところを聞いた。修正したとしても税率のアップ案には違いないので問いかけてみたのだが、グッと詰まった相手は「検討してみるよ」と言って別れた。わたしとしても利用されるばかりだから率直に質問したのである。

数日後「先日の修正案のことだけど、党機関に相談したところ、賛成してもいいと返事があったので……」と回答があった。そこで〃隠れ自民〃会派と接触して検討を始めようとしていた矢先、わたしの動きを察知した市長が、また否決されてはたまらないとばかりに、当初の計画の二七・四四％アップを一六％に大幅に圧縮して提案してきた。

議案審議の前にわたしは共産党の議員団長に言った。

「われわれが目指していた方向で大幅な修正を勝ち取ったことになり、結果として、思い通りなったのだから、賛成しよう」と。ところが、返事はただの一言「革新市政でないから、値上げには賛成しない」だった。

それなら最初からわたしに修正で動いてほしいと頼まなければいいのだ。

そしてここでも、共産党の女性議員の竹原氏がアップ答申をした運営協議会の公益代表の委員として入っている。これも希望して議会から二人出ているうちの一人である。国民健康保険の担当課長に会って運営協議会の経過を聞いてみたところ、課長は「竹原議員は公益代表として協議会に入っているのに最初から『共産党は税率アップには反対ですからね』と言うので困ります。公益代表としての立場を自覚されていないのでしょうね」と手厳しい。

わたしは本会議の質疑の中で「本音を言えばわたしはアップ案に賛成したくない。しかし、一般会計と特別会計の財政事情は放置しておけないので、アップ幅を圧縮した努力を評価して賛成する」と発言して賛成した。

共産党議員団は三人共、一言の質疑も討論もせずに採決では黙って反対した。結局はなんでも反対の指示が出ているのか？　共産党の主張するように国の制度が悪いのは分かるが、そこが変わらなければ何もやらせないと言うのでは、行政を担当できないのではないかと不安である。

総合体育館建設凍結決議の離れ業

「年間予算が三百億円のミニ市に百億円の総合体育館が必要か」と反対運動が盛り上がりをみせる中で、知る人ぞ知る「ふくおマジック」と言われるわたしの説得・調整力が冴えわたり、凍結決議をまとめ、市民団体に「財政は大丈夫です」と言い続けていた市長に突きつけるに及び、ついに建設凍結に追い込むことができた。九七年三月の予算議会の直前のことである。

議会で「規模の縮小・一部凍結」を主張していたのはわたしだけ、当然のこととして孤立していたが、積極推進派をテクニックを駆使して説得し、税収入のほとんどが給与と借金返済で、事業は何もできない全国最低ランクにあり、将来の財政破綻を避けるためには建設凍結しか選択の道はないと同意を求めて決議に成功したもの。無策市長を建設凍結に追い込んだ成果は、久し振りの大ニュースとして市内に広がりをみせたが、市民運動のビラの中で「一人の市民派議員の調整の努力に敬意を表する」と評価されていたのは嬉しかった。

体育協会などが長年、保守系議員や社民党議員を動かして要求し続けていた総合体育館の基本計画が姿を現したのが九〇年の三月だった。延べ面積が九千㎡で総事業費が七十五億八千四百万円の豪華版だったが、東京都から「市の規模からみて大きすぎる」と指導があり、基本計画を改訂した。

そして九四年九月に公表された改訂案を一見してぶったまげた。延べ面積は七千八百九十五㎡に縮小されていたが、総事業費は九十六億五千九百万円に膨れ上がっていたのである。しかも温水プールは公式競技に使えるもので屋根が三段階になった開閉式の豪華なものだった。建設予定地も狭山丘陵の一角で、交通不便なうえに環境に与える影響も取り沙汰されるような所だった。

戦いの常套手段としてビラを撒いて多くの市民に知らせ、市議選挙でもただ一人、凍結を訴えた。呼応するように、「年間予算が三百億円のミニ市に百億円の総合体育館が必要か」と市民運動は高まり、一気に署名集めと議会への陳情となっていった。対抗するように体育団体も計画通りの建設を求める請願を提出し、合戦の様相を呈し傍聴者の数も増えていった。

市民の関心は「縮小・見直し」が圧倒的に見えたが、議会は市民の意向を反映しなかった。交通不便な場所で、環境破壊も予想されたし、市の財政事情が破綻の恐れもあることから、一貫して「計画の見直し縮小・一部凍結」を主張し続けていたのはわたし一人、市民運動と距離を置く共産党は慎重派だった。計画通りの推進を求める請願には〝隠れ自民〟と社民、公明が賛成し、縮小・見直しの陳情にはわたしと共産党が賛成するという構図だったが、公明党市議団は両方に賛成するという股裂き状態も物ともせずという不見識な姿勢を示し、いかにもこの党の性格を現していた。この結果、積極推進と見直しを求める相反する陳情が両方とも採択されるという混乱ぶり、新人三人の会派の清流（さきがけ・日産労組・選挙の途中までは市民派を名乗った女性）は控室に押しかけた体育団体に説得され、積極推進派になっていった。わたしは「議会通信」で「清流が推進派の濁流に飲まれた」と批判した。

市民運動の中心になった「体育館問題から市政を考える会」のアンケートの「現在のまま進めたら財政破綻の危険性があると思いませんか」の問いに、「そうは思わない」と堂々と答えたのは〝隠れ自民〟全員と社民党、公明党だった。〝隠れ自民〟や社民党は国際大会も開催できる公認競技の規格で観覧席を要求し、後世に誇れるような豪華な施設をと要求した者もいた。

議会の中の綱引きはともかくとして、衰えを見せない市民運動に押され、市は再改訂を余儀なくされたのが九五年九月、一応、総事業費を約半分の五十三億円に圧縮したが、体育館凍結・不要論は治まらなかった。

わたしが議会の強硬な建設推進派を引き込んで凍結決議に持っていくのは至難の技であるが、それでもなんとかしなければならないと考え機会をうかがっていた。九七年度予算には建設の実施設計費を組むのは確実で、その当初予算を否決しなければ事業が進んで行く。したがってチャンスはなくなってしまうので、そこに照準を当てた。

九六年の年末に〝隠れ自民〟の代表を自宅に呼んだ。わたしの秘策は人間の心理を最大限に利用することにある。〝隠れ自民〟の新政会代表は前の市長選挙に落選して議会に戻っていた人物だけに、反市長感情が強いうえに、支持者の多い体育団体が市長にすり寄っていったのが気に食わないようだ。自身は豪華な施設を要求していたのに、再改訂でさらに経費が節減されたことにも不満を持っている。ここにつけ込んだのである。

この時点では全体計画を凍結できるとは思わなかったので、建設費の三分の一を占め完成後の維持管理費の大きい温水プールの凍結を考えていると本心を話しておいた。

折から行政改革の一次答申が出ていたが、機構改革が先行し事業にはほとんど手をつけていない。そこで、行政改革の対案として体育館を凍結する策略に着手していった。

保守派の説得には数字のマジックを使うことにした。一月になって〝隠れ自民〟の代表に会い、基金の状況を示す資料を使い、「ここで公共施設建設基金を十四億円も取り崩すと、九七年度末残高は約五十七億円になり、目白押しの事業にしわ寄せが出る。同じく財政調整基金の九七年度の取り崩し予定は約十億六千万円で来年度末の残額は一億四千万円しかなく、これでは職員の給与も払えなくなる。しかも新年度の経常収支比率は九五％近く、この惨憺たる状況を脱するにはすべての公共事業の見直ししかない」と財政面から脅し脅し説得した。勉強をしていない議員には市の資料を使い、数字で説明すると「なるほど」と思わせる効果がある。しかも支持団体の風向きに不満があるのだからすぐに乗ってきた。こうしてパタパタと「行革は財政危機の回避が急務」との認識で一致した。

「ふくおさん、いっそのこと体育館計画を全部凍結できないか？」

思わぬ展開となってきた。もともと体育館不要論の立場のわたしだから、「やってみようか」となった。

一方、数年前に水泳連盟の会長をしていた社民党議員は、市長選挙に協力しなかったせいか、体協の一切の役から干されたと聞いていたので、その心理にもつけ込んだ。積極推進派をからめ捕る仕掛けだから、われながら大胆なことを考えたものである。

「共産党には俺が話す。社民党とそちらの内部次第で凍結できる」と言い、共闘の道筋が見えてきた。これが一月中旬のことだった。

一月中旬以降、この動きを担当者にほのめかし「凍結しなければ当初予算の否決もあり得る」と強烈なプレッシャーをかけ続けた。社民党議員からは原則賛成の返事を貰い、共産党から一任を取ったわたしが、二月六日に〃隠れ自民〃全員を集めた説明会に臨んだ。代表の代わりに説得してほしいということだった。代表と合意はできているというものの、全員が建設に積極推進の立場だから反発の声は強く、説得には苦労した。しかも用地取得の事業は進行中である。財政事情に関係なく、使用してもしなくても公共施設ができることは地元にプラスになると思っている自民党議員に、「市議会議員は市の全体を考えなければならない立場だ。財政破綻に落ち込む恐れがあるのに、市長は何も手を打たない。われわれが決断しなければ大変なことになるぞ」と資料で説明した脅しまがいのわたしの話術に全員が渋々ながら納得した。三月議会には市の行革案の対案としての決議を出すことが確認され、〃隠れ自民〃（新政会）、共産党、社民党、わがみどり・市民連合の保革を超えた連携が成立。定数二十二人中の十三名の過半数を確保したので可決は確実で、市側が決議を無視するようだと当初予算はふっ飛ぶ仕掛けが完了した。

一方、われわれ議員が行政改革を真剣に議論していた前年末、市民に媚びを売るだけの無責任な志志田市長は、体育協会との懇談会で「早期着工」を約し、一月中旬には「体協だより」の挨拶原稿に同様なことを書いて届けていた。その「体協だより」が新聞各紙に折り込まれる前日の二月十四日、絶好の機会と判断したわたしが庁内と記者クラブに決議の内容を公表し、市長に総合体育館の建設凍結の決断を迫った。応じなければ当初予算は否決になるところだったが、四日後の二月十八日、追い込まれた市長は庁議で正式に凍結を決定した。職員は口々に「よくまとめ切りましたね」と感嘆の声を上げていた。合意をまとめたわたしの説得・調整力に各方面から賛辞が寄せられたのは当然のことである。

公金支出の矛盾を突く

五千二百戸の大都営住宅団地に集会所が六か所しかないため、二十のブロック自治会がそれぞれ自治会の費用で設置していた。しかしこれが地主の東京都の許可のない建物だとして、市の「自治会集会所建設等補助金交付要綱」の適用から除外されていた。

補助制度といってもわずかなもので、新築が補助率二分の一で限度額が二百万円、改築が同五十万円、改修が同三十万円となっていた。補助金の多少に関係なく、「地主の許可のない違法建築に公金の支出はできない」との市側の主張に誤りはないが、住民からは「東京都は自治会集会所を建てることは黙認しているのだから、補助金を交付しないのは不公平だ」との言い分がある。これも良く分かるので、策略を考えて取り上げた。

交付要綱の適用除外としているそれまでの方針を確認した後、次のように質問した。

「市は以前、当該団地の中央部分の公園の一角に学校の教室にしていたプレハブの建物を移設して連合自治会に貸与し、その建物で実施している同連合自治会の幼稚園類似事業に補助金を出していた。これが適法なら、当該団地内に自治会が東京都に無断で建設する集会所に補助することも可能なのではないか。」

矛盾点を突かれ、助役はグッと答弁に詰まってしまった。相手の弱みを突くのがわたしの常套手段だから、相手は簡単には逃げることができなくなった。しばし休憩で別室で協議の後、「前向きに検討」すると答弁があり、補助に道筋をつけることができた。

これで風穴が開いたが、皮肉なことに、適用除外になっていた当該地区の適用第一号がわたしの居住地区の自治会だった。べつに地域に利益誘導したわけではないので宣伝もしなかったが、集会所が完成した後の自治会総会の議案書の経過説明にはあきれてしまった。

「改築に当たっては○○都議と○○市議（いずれも公明党）に電話線の移動のことでＮＴＴに交渉していただくなどの協力を得ました」とあるではないか。公明党の○○市議は同じ自治会に住んでいるから、それを持ち上げようとした創価学会主導の自治会執行部の露骨な配慮なのだろうが、自治会員の中は公明党の支持者ばかりではない。憤慨してわが家にやってきた人がいる。

「自治会はあんなことを議案書に書いて宣伝しているが、ふくお議員が補助金を貰ってくれたことは書いてない。」

「僕はこの自治会のために働いたつもりはない。市が補助制度で矛盾したことをやっていたのを改めさせたもので、それが結果としてこの自治会にプラスになったのだから、お礼を言われなくてもいいじゃないですか。田中角栄とは違うんだから。」

と逆に慰めておいた。

訴訟の和解条件で取り引き

市長など三役の給料と市議会議員の報酬を改定するために開かれていた報酬審議会で、三役の給料を九月に溯って引き上げる動きがあった。通常は翌年の四月に改定するために諮問しているものだが、三役の一人が病気療養中に任期が切れるので、その退職金に跳ね返らせて上乗せしてやろうとの市長の〝温情〟の根回しを受けた動きだった。

人に対する温情は結構だが、公費を私財感覚で扱うのは許せない。情報が入った段階でのわたしの〝紙爆弾〟の暴露が功を奏し、報酬審議会を封じ込めたが、この時の市長は人情に厚い人で、その後にも問題を起こし、わたしと裁判で争うことになっていった。

この年の六月、部長の職にあった職員が「病気療養に専念したい」との理由で五十一才で退職した。その退職で市長が〝温情〟を示し、勧奨退職扱いで約八百万円も上乗せ支給したことから、市役所内に不満が出ていた。

勧奨退職実施要綱には、対象者の年齢が五十五才以上と規定してあるのに、「若いのに病気で退職するのはかわいそう」と無理やり適用したものだから、市長の職権乱用である。職員に不満があれば必ずわたしの耳に入り、議会で取り上げることになる。

市長はわたしに追及された段階では、違法・不当と認めるわけにもいかないから突っ張っていた。当然のこととして監査請求から住民訴訟と争いの場を移していったところ、市長側から代理人を通じ「議員さんと法廷で争うのは堪え難い苦しみ」と和解の申し入れがあったので、足元を見たわたしは取り引きに応じた。

要綱の規定整備と、訴訟費用の負担と、遺憾の意の表明の三条件を飲ませた後、当時、三多摩地区で武蔵村山市だけがパート職員で対応していた、ホームヘルパー制度の正規職員化を要求した。これには相手が困って悩み抜いていた。つい数か月前の一般質問で共産党の女性議員が他市の例を挙げて正規職員化を要求したが、市側は明確に拒否している。わたしの要求に困り抜いた市長は、現在勤務しているパートホームヘルパー七人の内、わたしがどの職員を採用させようとしているのかを助役を使って探りにきた。わたしはきっぱりと断った。

「特定のパート職員の採用を求めているわけではないし、そんなことは議員としてやれることではない。わたしの要求は正規職員で対応する制度だ。これが駄目だと言うのなら、和解に応じない。」結局、市長はこの要求を受け入れざるを得なかったが、一応、わたしが本会議でホームヘルパーの正規職員化を要求し、市がそれまでの方針を変更するという〝儀式〟をやったが、先に質問して拒否された共産党の女性議員がキョトンとしていたのが印象的だった。

その後、パートのホームヘルパー七人が形式的な試験を受け、全員めでたく正規職員に採用され、大変感謝されている。

長い政治活動の中で、相手の足元を見ての取り引きはいろいろあったが、その内の一つがこれである。「取り引き」の言葉からは悪い意味を想像しがちであるが、私利私欲に類するものはもちろん皆無である。

第十三章　議会改革の遠隔操作

永年勤続議員に報償金

四国の松山市に講演に出掛けるに当たり、同市の予算書の中から議会費の部分のコピーを用意しておくように依頼しておいた。飛行場に向かえにきてくれた車の中で、「用意しておきました」と渡された二、三枚の紙を一瞥したわたくしが、「あれ、違法支出だよ、これは……」と呟いたのを耳にして、「やっぱり何かありますか」となって、現地では監査請求から訴訟へと運動が広がっていった。

松山市の予算書の議会費には堂々と「永年勤続議員表彰金外」という項目が載っていた。「表彰金外」とあるからには金と記念品を渡しているのだろうが、五十数万円の支出でも不適法であることには間違いない。地元の講演の中で遠慮がちに取り上げ「仮に適法であるとしても好ましくないことは改めた方がよいのではないか……」と述べてきたのが発端となり、市民運動の側から議会改革の火がついたのである。

わたしが予算書から発見したのは、永年勤続議員に対する報償の金品である。長く議員の仕事をしていると、都道府県の議長会や全国議長会から、十年、十五年、二十年、二十五年と、一定の区切りで永年勤続議員表彰がある。表彰状と記念バッジ程度のものだが、松山市議会はこれに独自に金品を上乗せしていたのである。

たった五十数万円の予算だったが、地方自治法第二〇三条、二〇四条の二の規定で地方議員には報酬、期末手当、費用弁償以外の一切の給付が禁じられているのである。

行政実例には、

……市長が市議会議員の退職に際し、市予算交際費から記念品として現金五万円を贈ることの可否というのがある。これに対する自治省の回答は「議会の議員が退職する場合、当該議員に功労があったとして記念品又は記念品料を贈ることについては、それが通常の社会通念からいって純粋に記念品にとどまる程度のものであれば格別、それが通常の社会通念を超え実質的に退職手当とみなされる品を支給することはできない」として、「現金五万円を記念品料として贈ることは地方自治法に抵触する」としている。

……議会議員の死亡に際し、弔慰金を支給することの可否という問いにも、「議員の死亡に際し、その遺族に対し弔慰金を支給することができると定めた法律の規定はないため、市町村が独自に弔慰金を支給することはできない」とある。

講演ではさらっと触れ、帰京してから行政実例等を送り、「公文書公開制度を使ってこの制度の一切の資料を要求し、監査請求、住民訴訟を突きつけて返還を求め、制度を廃止に追い込むよう助言した。

　その年の十二月に「開かれた議会をつくる会」が公文書公開条例で公開を求めたところ、市議会事務局から「一月末まで待ってもらいたい」との連絡があったとのことなので、議会側が何か画策しているのかと思って見守っていた。やがて提出された資料で、勤続の区切りごとに六万円、八万円、十万円と祝い金が出ているのが分かり、「開かれた議会をつくる会」が記者会見で公表したことからマスコミが大きく取り上げ県下に影響が出ているようである。松山市議会は公開請求を突きつけられて慌てたのか、同年一月の会派代表者会議で、今後の中止を決定していたという。慌ただしく改めたということは違法承知で全会派がなれ合いでやっていたのだろう。

　同時に請求してあった市政調査研究費はまれに見るひどいものだった。決算報告書はただの一枚、軒並み「調査研究費」となっているだけで、未使用分を返還しているのは共産党議員団だけ、あとの会派は綺麗と言うか見事と言うのか、ピタリと残額0の決算になるように操作したのはみえみえで、領収書はおろか一枚の報告書も添付されていない。同業の目で見れば一部がヤミ給与になっているのは明白だから、与野党あげてのなれ合い議会は市民パワーに必ず追い詰められるだろう。

　この年の朝日新聞の社会面によると、静岡県浜松市で退任議長らに議長交際費から十万円、七万円の商品券が交付されていたことが同新聞社の情報公開請求で暴露された。その直後には愛知県の県議が事実上の退職手当てとして数十万円の支給を受け、裁判で返還するよう命じる判決を言い渡された。新聞社の調査や市民オンブズマンに暴露される前に議会内に自浄作用が働かないのが理解できない。所属議員が気がつかないでやっていたのなら不勉強。承知の上なら、なれ合い以外のなにものでもない。

公費で記念写真の掲額

東京・立川市の市議会委員会室の壁には二十五年以上の勤続議員の大きな写真が掲額されている。それを見たときには写真の人物の肩から下げた文化勲章並みの大袈裟な勲章には驚いたが、見覚えの共産党の古参議員が含まれていたのには、これまた驚きを新たにしたものである。

それから一年後、ある新聞にその表彰を辞退した同市の革新無所属の島田清作議員（当時）の辞退の弁が載っていた。同市議会の永年勤続議員の表彰規定では、前記の写真の永久掲額のほか、議員の妻の同席したところで議長から記念品と祝辞を受けることになっているようで、記事には島田議員の「記念品と写真の掲額は辞退する。妻は自分の付属物ではなく、別人格なので同席させない。お祝いの言葉だけいただければいい」との談話があった。

市民感覚でごく当たり前のことを言っているのだが、こんなことが新聞に出るというのは、市議会総体が市民感覚から遊離しているからに違いない。

立川市議会で議員に贈呈する記念品の額は幾らに当たるものか調べてはいないが、議会に自ら姿勢を正そうとの動きがないとすれば市民が監査請求でも突きつければおもしろいのにと、隣の市から期待を持って眺めているが、まだそのような動きはないようである。

市民派の決起をサポート

九州の中核都市鹿児島市議会の新人、小川みさ子議員（無所属・市民派）の資料を拝見した際、オブザーバーで出席している議会運営委員会の費用弁償を受け、視察にも加わっていると知ったので、「オブザーバーで出席した議員に費用弁償は支給できませんよ。きちんと理論武装して返還した方がいい」とアドバイスしたところ、同議員が地方自治法や条例、規則を身につけることなく突っ走り、「違法ですから返還します」と記者会見し、議長宛ての文書に書いて議会事務局に出向き、それまでに受給した八十数万円を置いてきたことから、派手な一騒動が持ち上がった。

ぱたぱたと行動に移すのは勇敢だが、実はオブザーバーで出席していると思っていたのは同氏の思い違いで、会議規則の規定で委員外議員として正式に要請されて出ていたのだった。費用弁償の支給は事務的には適法に処理されていたのだから、議会事務局はさぞかし驚いたことだろう。お粗末と言ってしまえば身も蓋もないが、こんなことで新人をつぶすわけには行かないので、連絡を受けたわたしは次のようにアドバイスして、この際このチョンボを利用して、小会派も正規の議会運営委員となれるように要求する絶好の機会として戦う道を遠隔操作で伝授した。費用弁償の返還という荒技に出た後の文字通りの付け焼き刃だったが、同市議会議長と議会事務局長に文書を送付し、「小川議員は一人ではないよ」とばかりに側面からプレッシャーをかけておいた。また、小川議員には電話で次のように教え、ファックスを送付した。

1　地方自治法の二〇三条の三項に「職務を行うために要する費用の弁償を受けることができる」となっていて、議運に出たからといっても職務「公務」でなければ受けることはできないのは当然だ。そちらの市の費用弁償の規定には「議会運営委員会に出席した議員には費用弁償を支給する」となっている。ここでいう議員は全議員を指すから、出席を求められた委員外議員にも費用弁償を支給することは適法。

2　議会の会議規則には「審査・調査中の事件につき必要があると認めるときは委員外議員に出席を求めて意見を聴くことができる」とあるそうだが、これは「できる規定」といい、例外的な規定である。議会運営委員会が選挙後の最初の会議で、特定の事件を設定せずに「(小会派も) 委員外議員として毎回出てもらう」と決めたとすれば、規定を拡大解釈して運用しているのではないか。小川議員（委員外議員）に送付される会議の招請状は「会議規則第〇〇条により、〇〇の事件（事項）につき意見を求めたいのでご出席いただきたい」と委員長名の要請となっているのか？　小会派も毎回議運に呼んでいただけるのはありがたいが、それなら、正規の委員にしてほしいと主張せよ。

3　上記の手続きで出席した議運で、委員外議員に対し、とくに「〇〇の事件（事項）につき意見を求めたい」との手続きが行われず、ただ単にオブザーバーの毎回の出席を保証しているのであれば、会議規則の「できる規定」を連続的に運用（乱用）していることになり、好ましいことではないし、それによって支給される費用弁償は脱法的な色彩が濃い支出と主張せよ。

4　小川議員が「(不適法ではないが) 脱法的な色彩が濃い」と判断し、返還することには共感する。

なぜなら、議会は行政をチェックする立場にあるから、議会の公金の扱いに少しでも疑念のある場合は「疑わしきは罰する」姿勢で改めることが望まれるからである。わが武蔵村山市議会には費用弁償はないが、調査研究費は報告書も領収書も公開の対象になるし、交際費や食糧費の使途もすべて公開される。議会は絶えずチェックし、「疑問のあるものは止める」という姿勢で改革に当たる必要がある。

5　これから他の議員の攻撃が予想されるが、「自分は疑問に思ったから返還し、今後は受けとらないと決めた」と突っ張ればよい。この機会を利用して議会運営委員会の異常な運営についても改めた方がよいと主張すること。

鹿児島市の議会運営委員会の議事録を見ると、懲罰委員会の別名がある通り、本来の議題を大きく逸脱し、寄ってたかって弱い者いじめをしているのが分かっていたので、くだらない論議に巻き込まれないように忠告・助言した。

議会運営委員会では費用弁償返還時の「違法だから返還する」との小川議員の談話を載せた新聞記事が問題になっていたが、新聞記事の内容にケチをつけるのはいずこも同じ議員様の特権意識。小川議員の行動を書いた各社の新聞記事は概ね好意的だったから、議会の金がらみの問題だけに市民の批判が他会派に向かい、騒動も収束に向かった。

共産党からは早速、費用弁償の廃止案が出されたようだった。市民の目を意識したスタンドプレイだろうが、それはそれで結構なことである。一人会派の議会運営委員会への出席の方法も今後の検討課題として確認されたというし、それまでは密室状態だった議会運営委員会が公開になったというから「瓢箪から独楽」ではあったが、まずまずの成果と言ってもいいだろう。事のついでに、改革の遠隔操作の一つとして、同市議会の調査研究費の疑問点もアドバイスした。

鹿児島市議会の会派調査研究費交付要綱では使途を明確に定めてあるが、報告書には領収書等の添付はしなくてもいいようになっている。その理由は「使途を定めてあり、その範囲で使用しているから領収書の添付は必要ない」というものである。議会で与野党なれ合って「それでよし」としてあるのだろうが、大切な公金が果たして目的に添って正しく使用されているかどうか、納税者は知る術がないのだから、これではヤミの第二給与になっているのではないかとの批判は免れない。そこでまた、小川議員を通じて改革の遠隔操作を試みたところ、今度はオンブズマン鹿児島が調査に動いた。議会事務局に会派調査研究費の証拠書類の提出を要求し、「会派の経理責任者は、所要の帳簿及び証拠書類を整理保管することになっているので、各会派に開示請求してほしい」と回答があったのを受け、各会派に「私どもは、市政調査研究費が第二給与化しているとの風説が流布されていることに憂慮し、これを打ち消すことは貴会及び市民の利益であると考えます」として「平成八年四月から十年一月までの、市政調査研究費の使途を明確にするに必要かつ十分と証明できる証拠書類」の提供を求めた。各会派の対応が問われるが、これで少しずつでも確実に公金の使途が明確になり、議会の費用の透明度が向上していくことは間違いない。

議員特権に監視の目を

　議員の周辺を探し回ることをしなくても、特権の数々に気がつくことがある。市民派の議員が全国各地でそれらを取り上げ、議会改革に取り組んでいるが、ここにあげる例は遠隔操作で他の市議会の「悪しき慣習」を廃止に追い込んだ例の一つである。

　某年某月、古巣の北海道・札幌市を訪れた際、地元北海道新聞社の設定で市民派・新人の三人の市議会議員と懇談する機会があった。先輩ぶっていろいろとアドバイスしてきたが、その中で二つほど札幌市議会の気になる点を指摘した。

「札幌市の議員には多分、地下鉄やバスや市電の無料パスが貸与されているでしょう。」

「ええ、貰ってますが、わたしたちは相談して、公務のときだけ使用することにしてますが、いけないでしょうか?」

　そう言うので、さらに聞いた。

「わたしの方は会議に出席しても費用弁償は出ませんが、札幌市議会なら支給されてるんじゃないですか。」

「ええ、一日一万二千円支給されます。」

「それじゃあ、問題がありますね。無料パスは公務のときだけ使用すると言っても、公務で登庁する日は費用弁償が出てるんですから、形としては二重支給です。皆さんの支持者は当然のこととして納得するでしょうか?」

遠慮のないわたしの指摘に三人とも「なるほど、おかしいわねぇ」と気がついてくれた。これが市民感覚というものだ。「どうしたら良いでしょうか」となったので、議会に市民感覚を注入する戦いのテクニックを話した。

「七十議席の中の三人で、しかも新人ですから大変でしょうが、代表者会議に『筋が通らない』と理由を述べて返上を提案します。自民党から共産党まで特権にしがみつきますから賛成は得られないでしょうから、三人だけでも返上し、不当な特典があることをビラなどで多くの市民に知らせます。市民が事実を知れば、必ず全員が返上に追い込まれるはずですよ。」

その年の秋、朝日新聞の社会面に「札幌市議会が長い間の慣習だった無料パスの廃止を決定した」との記事が載っていた。まさに、「してやったり」の気分に浸った。これを自称「ふくお流の議会改革の遠隔操作」と称している。

そのとき「何にでも使っていい。報告も要らない」と議会事務局から言われている一人当たり二十万円の〝ヤミ報酬〟も指摘してきたので、理論武装して主張し、廃止に追い込んだと信じている。

市民派の登場で、議会は少しずつでも確実に変わっていくものである。

第十四章　権利と義務

なめてる議会　まじめな議会

一九八二年十二月二十日の毎日新聞の多摩版に次の囲み記事が載っていた。

取材していて思わず「マジメにやれっ」と声を張り上げたくなったり、逆に「ホーッ」と感心させられたりする。最近二つの議会でそんな場面にぶつかった。

その一つは多額な市費を使って民有地の肩代わり測量をした問題を審議するある市の建設委。市の監査委員がこの測量を、条例、要綱を無視、裁量権を著しく逸脱して行った「違法測量」と言い切り、当事者の前建設部長と上司の助役ら四人に百二十二万七千円を賠償させるべきだ、との監査結果を市長に出している。市長が近く賠償を命じ、処分を行う考えを示した。

質問のトップにたった公明党委員がけん制球を投じた。「違法と断じた根拠法令があいまいだ」。

穏便な処置ですませろ、との主張に聞き取れる。社会党の委員も「もし賠償命令を不服として（裁判に）訴えられたら，市は困りはしないか」と野党ながら〝与党的配慮〟。保守系の委員は、もっとあからさまで「賠償金額をまけてやれ」。

とかく公務員社会内部での非行、不祥事は身内同士の互助意識でかばいあい表面化しにくい。そこを澄んだ目でチェックするのが議会のつとめのはず、まして今回のケースは、違法測量―道路建設―宅地造成と進んでいたら、地権者は正規の手続きを経ての宅造に比べ二、三億円はトクと言われる。地権者の一部は有力議員を介して市側に働きかけて測量させた、と証言、問題が表面化したあと〝嘆願運動〟までしている。金権と癒着が見えかくれする「疑惑」であり、市当局でさえ「事件」と呼んでいる。

もう一例は――夕方近くある市議会の本会議場をのぞいたら、午前中に登壇した議員の質問がまだ続いていた。一人会派の無所属議員。委員会、本会議を通じて質問時間、再質問の回数に制限を設けていない。大会派でも一人会派でも納得のいくまでたずね、答弁する。

もちろん、市側が答弁に窮し、「タイム」の場面もしばしば、しかし、聞きっぱなしの言いっぱなし、時間がくれば「はい、それまで」の多い国会、都議会審議に慣らされた目に、その「タイム」までがみずみずしく映った。

実は、前のが立川市議会、後のケースが武蔵村山市。市民から「ナメんなよ」の声が集中しそうなのはどちらか、自明であろう。

他人の権利は我が権利

わが武蔵村山市議会は時には笑いを誘うような不規則発言はあるが、伝統的に他の議員の発言中の野次はない。「時間がなくなったので……」と言い、質問を終わりにしようとする議員には、わたしが「時間制限はないんだから、ゆっくりやりなさいよ」と激励することはあっても、「いい加減に止めろよ」などと他の議会で多く見受けられるような応酬はない。他の議員から見てくだらないと思う質問でも、それぞれが与えられた発言の機会に一生懸命やっているとき、それを妨げるのはルール違反である。わたしは他の議員の発言でわたしを意識して嫌味を言っているときでも黙って聞き流し、自分の発言の機会に相手の間違った批判に対し痛烈な批判・反論を展開することにしている。

公明党で三期勤めたある議員が退職するとき、「ふくおさんの言動を十二年間だまって見てきましたが、感心するのは、政治的に違う相手でも他の議員の権利を完璧に尊重する姿勢に徹していた。だから、ふくおさんが何時間でも何日でも質問を続行しても、だれもがうんざりしながらでも邪魔しないのでしょうね」と言ってくれた。

他人の権利を無視しておいて自分の主張だけを通そうとしても通るものではない。「他人の権利は我が権利」とのわたしの精神と自己防衛策が理解されていたのは嬉しかった。

相当以前のことであるが、東京・多摩地区のある市民集会で市民派の女性議員の一人が、「予算審議の前に全員協議会で審議しておけば、予算委員会でくだらない質問がなくなるのに……」と発言した。わたしはただちに次のように反論した。

「地方自治法に規定のない協議会での審議は事前審議だ。協議会でやっておけばくだらない質問が少なくなると言うが、『くだらない質問』とだれが判定するのですか？　他の人と比較してレベルが低くみえても、質問者が一生懸命にやっている質問を『くだらない質問』と決めつけ、正式な会議から排除したいと考えるのはいかがなものでしょう」と。

提案型と追及型

議員の活動スタイルを提案型と追及型に分類する見方がある。言葉の響きから、提案型が建設的で追及型が攻撃的で破壊的と見られがちであるが、両方を兼ね備えなければ半人前であると、わたしは思っている。

選挙の際にたくさんの公約を並べ立て、あれをやります。これもやりますと約束した以上、一般質問で取り上げたり、提案権を行使して政策の実現を図るべきだが、全国的に見て、提案権を行使するのはほとんどが他の行政庁に提出する意見書で、議員提案の条例はほとんど見ることができない。しいて言えば共産党が「無駄なテッポも数撃ちゃ当たる」とばかりに、否決されるのを承知の上で権利行使しているくらいである。

議席を得た以上、その仕事として行政を監視、批判、牽制することが最も大切であるはずだが、案外これが大変な仕事で、徹底するには時間と調査力と感性が必要である。また、せっかく不正腐敗の事実を暴き出して追及しても、行政の痛いところを突くだけに市長と関係事務の職員と与党議員とその取り巻きには煙たがられる。われわれ日本人は批判を悪いことのように受け止める向きがあることから、多くの議員がこの大切な仕事をやりたがらない。また、勇気も能力も備わっていない。

名誉職議員にそれを望むべくもないが、市民派の中にも往々にして「わたしは提案型」と自ら半人前で通すことを宣言している人がいる。言いっぱなしに聞きっぱなしで満足しているようでは一人前ではない。わたしの活動は追及型と見られる通り、暴露・追及で違法事務を改めさせてきた実績は全国に並ぶものなしとの自負はありながら、少しばかりそれに偏っているのではないかと、絶えず反省・自戒している。

今は休刊となっている、朝日新聞社発行の『朝日ジャーナル』誌の一九八九年五月十二日号の筑紫哲也氏の記事の中に、「……本誌のノンフィクション大賞受賞者の武蔵村山市議、富久尾浩氏のことを覚えている人もいるだろう。たったひとりの無所属議員が暴れ回るだけで、市費のただ弁当ひとつ、議員たちが食べられなくなる。たしかにこの人は人並みでない『異能』だが、自民党にだって、かつてはたったひとり存在するだけで数でない風圧を持つ議員がいた。議会というものは存外、そういうものなのだと言うと、こんどは楽観主義が顔を出した、と言われそうだが、そうでも考えないことには『出口』がないじゃないか」と。

「異能」と言われて喜んで良いのかどうか分からないが、「異能」の意味を辞書には「人に優れた才能」とある。巷の常識と議会の常識は全く逆であるから、議会の中で市民常識を貫き通すのは至難の技である。それを貫き通し、敢然と数々の改革を成し遂げてきた実績を「異能」と言われたのなら、これ程嬉しいことはないと受止めているのである。

第十五章　議員の固有の諸権利を軽くするのも守るのも議員

脅されて取り消した討論

内容に問題がない討論を、一部の議員の脅しに屈してあっさり取り消し、議事録から削除した前代未聞の不祥事があった。

脅したのは共産党、〝隠れ自民〟など民主党嫌いの面々、脅しには議長も関わっていたというからあきれたものである。

その不当な脅しに屈し、議員の固有の権利をいとも簡単に放棄したのが善家裕子議員（民主系）。市川房枝財団の研修会で勉強したのを売り物にしていたが、いったい何を学んだのか？

問題の一件は、議会運営委員会に付託されていた議員定数削減の条例案だった。最初は「反対」だった天目石要一郎議員（善家議員と同会派）が、採決で「どうしたら良いか分からなくなった」（レポート）との理由で棄権し、本会議も棄権した中で善家議員が賛成討論を行なった直後に、共産

党、〝隠れ自民〟が、

「会派拘束があるはずだ」

と狙い撃ちにした。

運悪くわたしが一か月半の入院中で、だれも助け船を出さないまま、懲罰の脅しで攻撃された当事者が有効な反論もせずに屈服したのだから、なんとも情けない話で、大切な発言権を死守せずに議員の仕事が勤まるのかと腹立たしく思ったものである。

議会事務局の職員も、

「ふくお議員が入院していなかったら、あんな結果にはならなかったでしょうね」

と批判したほどの、市議会始まって以来の前代未聞の汚点となった。

武蔵村山市議会の議会運営委員会や会派代表者会議は一人会派も正式メンバーで、ここでは多数派が問答無用の議会運営ができないように協議事項は原則として全会一致制を採っているので、全会派で合意した約束事や共同提案の議案などに会派拘束がかかるのは当然だが、「討論取り消し」の案件は議会運営委員会に付託された議員提案の条例案だったから、協議事項とは異なり全会一致のしばりはない。

条例案に反対だった議運委員長（共産党）にしても、全会一致にならないことを理由にして採決を拒否することはできず、やむなく議運では異例の採決をしたのである。だが、その彼が本会議で民主系会派が賛成と棄権に割れたのを見て、協議事項の扱いと混同させて無知な相手につけ込み、「会派拘束は議運の約束事だ」と取り消しを迫ったところにこの問題の発端があったのである。

まさに、弱いものいじめの典型である。

一方の民主系の問題点は二つ、一つは不当な圧力に屈服して自らの「発言自由の権利」を放棄して議会に前代未聞の汚点を残したこと。二つ目は一部の議員の不当な圧力に屈服したのに、閉会後に「議会運営はおかしい」と議会総体を批判したことである。これでは〝頭脳の賞味期限〟に疑いを持たざるをえない。

わたしが不在で孤立無援だった事情は同情できるが、善家、天目石両議員が事後の「レポート」で負け犬の遠吠えのように共産党や〝隠れ自民〟を批判するのはご勝手ながら、議会総体を筋違いに批判しているのを見逃しておくと、入院中だったにしろ、わたしにも火の粉が降り懸かる恐れがある。

そこで退院後に客観的な事実を調査してみることにした。

議会運営委員長は、

「地方自治法等でカバーできない部分を決めている約束事（慣例）の大切さを説明しただけだ」と釈明したが、議案の会派拘束を約束事と説明し、善家氏もそれを無批判に受け入れ、納得の上で討論取り消しの申しいでを行なったことが分かった。

善家氏の会派代表の天目石議員も、

「議会運営委員会で討論取り消しは正式に決まっていない。取り消す必要はないと説得したが、善家さんが自分の判断で勝手に取り消した」

議会事務局長は、

「議会運営委員会で『会派拘束がある』と問題にした人がいたのは事実だが、委員会で決めたことではない。取り消しの申しいではご本人だ」

とそれぞれ説明してくれた。

不穏当な発言を議事録から削除する例はまれにあるが、この件のように内容に問題のない討論を自ら取り消した例は記憶にない。

議会は巷の常識が通らない異常な世界であるが、こんなひどいことが行なわれていたのに、与党の立場や議案の賛否に関係なく、両者の考え違いを忠告する人がいなかったのが残念である。いただけないのは善家、天目石両議員の事後の言動である。議会閉会後に判断の間違いに気づいたのはよかったが、反省がないばかりでなく、あたかも議会総体に問題があるかのようなレポートで八つ当たりしていたのである。

善家裕子氏はレポートで、

「本市では国の法律よりも議会運営委員会の決定が優先するとの委員長（共産党・伊沢秀夫議員）の発言を了承し、賛成討論を取り消した」

と自身の判断で討論を取り消した事実を認めている。脅されたにしろだまされたにしろ、もし（実際には存在しないが）、そんな慣例があること自体おかしいと思う感性があれば、そこで反論していなければならないが、それをやった形跡はなかった。

さらにおかしいのは、議運で「取り消せ」と不当に押しつけられたわけではないのに、

「あらゆる議題についての議員の自由な討論は議会制民主主義の基本です。今後の議会運営にこの基本が生かされることを希望します」

と、議会運営に文句をつけ、議会に討論自由の原則がないかのように錯覚している。

発言自由の原則があるのは分かりきったことで、他の多くの議会と異なり、議員の自由な討論は武蔵村山市議会では完璧に保証されているのに、自分が取り消しておいてよくいえるものである。

後から誰かにいわれて気がつくまで、結局は、何も分かっていなかったのだろう。

ルールを運用するのは議員だから、たまには解釈をめぐる議論や感情論はあるが、この件では自身の愚かさを反省しながら、脅した議員に批判を集中すればいいのに、それをやらずに議会総体を批判する愚を犯しているのである。

未熟な判断で前代未聞の汚点を残し、その上、事実に反する不正確な書き方で自身を含む議会総体をおとしめることもないだろう。

さらに、その失態を隠すためか、議会費に無駄があると錯覚したのか、「二時間の（本会議）休憩中も議会運営費として税金が費やされていることにいたたまれなかった」と書いている。

行政チェックの意思もない賛成要員程度の議員にも報酬が支払われていることを「税金の無駄」というのなら分からないでもないが、予算の仕組みも知らずにあまりでたらめをいうと、全議員と議会事務局職員が迷惑する。

同氏が「育てている」と称する答弁苦手の若市長が「答弁調整のために休憩を……」と求めることは多いが、そのときどきにも同様に「税金の無駄が出る。いたたまれない」と忠告しているのだろうか？

天目石氏にも水面下で懲罰の脅しがあったと本人がいうが、ルール解釈の間違いを押しつけられていただけで、懲罰にもならないのに、結局は〝不当な懲罰〟を逃れるために屈服し、「会派が採決で割れることを報告しなかった点は悪かった」と陳謝したというが、屈服した後で懲罰で脅した相手をレポートで批判しても負け犬の遠吠えである。

わたしが当事者なら権利に関することで譲歩はしない。この世界では安易な妥協をすると付け込まれるから、おかしな妥協をするより、たとえ懲罰を受けてもその不当性を批判して戦うほうが筋が通るし、迫力があるものだ。

また、天目石氏のレポートには「古い議員は議会のルールを知らない」と他市の議員の言葉を借りて批判している部分もあったので、「入院中で当日休んでいた〝古い議員〟のわたしも該当するのですか」と冗談半分に聞いてみたところ、「ふくおさんを批判なんかできないですよ。共産党の伊沢議員と新政会（隠れ自民）の比留間市郎議員ですよ」と説明してくれたが、自身がそう思うのなら名指しで書けばいいのである。どこかの政党がやるような、錯覚を誘うような書き方は迷惑である。

お利口さんになったか

不在中の「討論取り消し事件」の後、わたしは議長と議会運営委員長に、「入院で休んでいたときの議会運営上の諸問題の批判は避けるが……」

と念を押して議会運営委員会で検討を求める文書を提出した。それには善家氏のレポートの内容をあげ、要旨を次のように書いた。

「政治活動は自由だから、議会外で何を書いても議会内の問題にはなりえないが、善家氏は勘違いから議会に討論の自由がないかのように書き、議会費にも無駄があるような批判をしている。このまま放置しておくのは議会の名誉のためにも良くない。

我々は長い年月を重ねて他の市議会より格段に民主的な開かれた議会のルールを作り上げて運営しているはずだ。今期の選挙後にも、全員で今までの『申し合わせ事項』を尊重するとの確認も行なっている。それを忘れて議会運営がおかしいと善家氏は批判している。

善家氏とその会派がまだまだ議会のルールが不十分だというのなら、具体的に提案していただいて議論し、より良きものに変えていけば良いとわたしは思っている。もう一点、善家氏は本会議を休憩にすると税金の無駄が出ると議会総体を批判しているのは同氏の勘違いにつき、今後に問題を残さないように教えてあげたほうがよろしいのではないか」

委員長にいわれて若干の補足説明をしたが、ここで議会事務局長が手を挙げ、

「議会費のことですのでわたしのほうから説明します。善家議員のレポートは見ていますが、会議を休憩にすると無駄金が出るということはありません。ふくお議員のおっしゃるとおりです。以上です」

今度は議会運営委員長が口を開いた。

「ふくお議員の文書の写しは各委員のお手許に配布してある。議会外の言論活動は議会内で問題に

することではないという前提で慎重に書かれている。その上で、ふくお議員がいう通り、議会運営に問題があるとすれば会派を通して具体的に申し出てくれれば、いつでもここで議題としますが、現在まで善家議員からも、その所属会派からも申し入れはありません。後日でも提案があれば改めて議題とします。それでよろしいでしょうか？　ないようですのでこれで終わりますが、会派代表の天目石議員に申し上げます。ふくお議員が懸念していることは十分理解できると思います。善家議員には後で、今のテープを聞いていただいて理解を深めていただき、誤解のないようにしていただきたいと思います。よろしいですか」

天目石議員がこっくりうなずいたのでこれで終わった。

後日の議会事務局職員の話ではその日のうちに善家議員が、「議会運営委員会のテープを聞きたい」と借りていったということだから、ご自身の不勉強からくる見当違いに気づき、多少はお利口さんになってくれただろう。

共産党の独善？

「討論取り消し事件」後の議会運営委員会で予定の議題が終わったところでわたしが発言を求めた。

「会派拘束をめぐる善家氏の討論取り消し問題は蒸し返さないが」といい、

「そもそも会派拘束とは例外を除き、各会派内の取り決めだから、他がとやかくいうものではない」

こう切り出したところ、共産党（議会運営委員長）のほうから、

「いや、そうじゃない。委員会の賛否が本会議で変わると可否がひっくり返ることがあるから、会派拘束は必要だ」と反論があった。

しかし、現実には委員会で手を挙げずに反対し、本会議で賛成する議員もいるし、その逆もある。委員会での判断の間違いに気付いて本会議で態度を変えることもある。それが会派内で問題にされるかどうかは各会派の内部事情であって、他の会派からとやかくいわれる筋合いのものではない。

討論は他の議員に自分に同調するよう説得の意味を含めて行うものだから、他の議員の発言の内容を聞いていて態度を変える人がいても一向に構わないことで、それが問題になることではない。実際にはそんな謙虚な人物はこの世界にはいないが……。

わたしの主張には、議会事務局長が「その通りです」といわんばかりに黙ってうなずいたので、議運委員長は分が悪いと思ったのか、

「会派拘束について考え方が違うようですから、いずれ、改めて議論しましょう」

と議論を後回しにした。

烏合の衆の〃隠れ自民〃は論外として、共産党、公明党、社民党、民主系も本会議で内部の不統一が露呈することがあるが、表決権や発言権は議会内の任意団体に過ぎない会派の権利ではなく、議員の固有の権利だから、会派間の約束事や議会運営委員会等の確認事項を無視しない限り問題にされることはないのである。

ところで、このことを議題にしてほしいと提案したのは、わたしは引退を考えていた時期だから、共産党が再び他の議員の権利に関することで弱いものいじめをしないように歯止めをかけておきた

かったからである。

共産党があくまでも会派拘束を全会派に押し付けようとするのなら、その場合の反論・反撃用に過去の本会議の共産党議員団の賛否割れ案件を「議会だより」の「賛否割れ一覧表」からコピーして用意しておいたのである。

わたしは生来の気の弱さからくる用心深い性格で、かつ、誇り高き男だから、反論されて反撃の手段に窮することのないように、市側を追及するときにはいつも過去の議事録や資料から相手方の矛盾点を捜し出しておき、その矛盾の傷口に塩を擦り込むようにして痛め付けて自分の主張を認めさせるのが常套手段となっていたのである。

この相手の逃げ道を塞ぐ追及のテクニックから、デスマッチ議員の異名が定着したのだろう。

共産党が他の会派内の会派拘束を強制する構えなら、それを封じ込め、不慣れ・不勉強な弱者の諸権利を守るため、おもむろに議会運営委員会の場に動かぬ証拠として「議会だより」抜粋の「賛否割れ一覧表」のコピーを配布した上で、

「共産党さんよ、貴方の会派はどうなのよ。本会議で共産党議員団の賛否割れがあったこのとき、この件でだれか問題にしましたか？　それとも釈明ぐらいしましたか？　他の会派には会派拘束を要求するが、自分の会派のことなら構わないということですか」と、ネッチリと迫って恥をかかせようと身構えていたのだが、形勢不利と察したのか？　「いずれまた……」とかわされ、間もなく任期を終え、引退した。

わたし以外に、こんな緻密な攻め方ができる知恵者はいないと思うから、わたしの引退後にまた、

民主系がいじめの対象になっていなければいいが……。

共産党議員団とは政策が近いことから、議案の共同提案などで共闘することが多かったが、このようなところが決定的に違っていたのである。

討論を認めない県議会

愛媛県議会に戦後初の女性議員が当選したのが一九九九年の選挙だったと知り、たまげていたが、その当選者の阿部悦子議員（環境市民）が予算の反対討論をしようとしたところ、予算案に対する反対討論は過去三十年間にわたって同県議会では認められず、したがって行なわれていないことが分かった。

言論の府でありながら、全国的にもまれな不思議な慣例がまかり通っていたとは、驚きを通り越し、ただただあきれるばかりであった。

阿部議員の強い要求を受けた議会側は、なんと議会運営委員会で阿部議員の討論要旨を検討・協議した結果、認めないとの結論を出したと知り、市民運動の「開かれた議会をつくる会」の運動に火が点いた。

県民の後押しが県議会に刺激を与えているが、オール与党の自民、公明、社民の十人余が占める議会運営委員会は自らの無知、不見識を認めたくないのか？　意地になっているのか？　いまだに妨害を続けている。阿部議員がたまに発言しても野次と怒号の中で行なっているということである。

この新世紀になっても、既成政党の馴れ合いで議会審議を形骸化させている、あきれた議会があるものである。

愛媛県議会の皆さんは議員活動の基本にある地方自治法・会議規則を勉強したことがないのか？議会は「言論の府」といわれるように議員活動の基本は言論で、案件はすべての議員の自由な言論を経て決するのが原則である。そのため地方自治法は議会における言論を尊重し、会議原則の基本に「発言自由の原則」をあげてあるのもそのためである。

したがって、会議のあらゆる場面で発言があることを前提として会議規則は定められているのである。もとより議案に関係のない質疑や討論は議長の議事整理権によって発言を中止させられるし、内容に不穏当な部分があれば懲罰を受けることもありうるのである。

このような規定があるにも関わらず、議会運営委員会が事前に討論要旨を提出させて内容のチェックを行ない、そこで討論を認めるか否かを決するとは議員の固有の権利に対する重大な侵害であり、有権者の知る権利をも妨げるものである。

質疑・質問・討論は議員の固有の権利であるから、議案に対する質疑を行ない、賛否の理由を明確にしながら他の議員を自身の意見に賛同させる目的を持って行なうのが討論である。

本会議の会議録も公開されるものだから、傍聴に来られない有権者のためにも、議案の採決前に討論で賛否を表明するのは、むしろ有権者に対する義務的なものであるはずだ。

愛媛県議の大多数が資質の低さと不勉強から討論できないのであれば、おとなしく沈黙していれば済むこと、発言を求める議員に同じ沈黙を強いるとは、揃いも揃って質が悪すぎるのではないのか。

長い間の既成政党の馴れ合いの結果がこの慣例に顕著に現れているのである。すでに「開かれた議会をつくる会」が抗議行動を起こし、有権者に背を向けたヤミ県議会の実態は白日にさらされている。

戦後初めての市民派議員の登場で、馴れ合いは暴露された。これを契機として「開かれた県議会」に変わらざるをえないであろう。

全員協議会で審議する前時代の遺物的な議会

愛媛県議会がこの体たらくだからというわけではないだろうが、県庁所在地の松山市に隣接している温泉郡川内町にも、あきれるほど凄い現実がある。

東京から故郷の町に帰り、山林の農薬散布反対運動に取り組んだ若者が、初めて「我が町の政治」のひどさに憤慨して町議会に出たところから、よってたかってのいじめがまかり通っている。

その若者、渡部伸二議員が当たり前の市民感覚で主張しているのに、議長も議会運営委員長も、まるで町長の手先のような立ち回りで、意地悪のし放題という攻撃を仕掛けている。その質の悪さは実にひどいものがある。

ある時の町長の一つの議案の提案説明からそれは始まった。議会の恥っさらしである。

議案の提案理由の説明で町長、

「議員の全員協議会で説明しているので、本会議の提案理由の説明は省略します」

といった。これに対して渡部議員が、

「全員協議会は法的根拠のないものであり、その意味で雑談と同レベルのもの。省略するべきではない」

と至極当然の主張で反論して説明を求めたのに対し、議会運営委員会は、

「慣例として、本会議の前に議員全員協議会を開き、説明、質疑を十分に行ない、本会議を円滑・適正に行なってきた慣行がある」

と、逆に渡部議員が「雑談と同レベル」と批判した部分を捉え、「不適切な発言がある」として警告書を出すという、まことにあきれた行動に出た。

事前審議を当たり前のように思っているようだが、それが本会議を形骸化させると共にヤミ議会になっていることに、住民の目線で考える議員はいないようである。

全員協議会で質疑・討論をしたところで、その内容が本会議の議事録に自動的に〝転載〟されるとでも思っているのか？　本会議の議事録を閲覧した住民が、

「これほど問題の多い議案に質疑の一つもなかったのか」

と議員の資質や姿勢に疑問を持って問い合わせた場合、議員や議会事務局はどのような対応をするのか？

また、同町では一般質問を通告後、町長に頼まれて議長や議会運営委員長が、「この項目の質問は止めてもらえないか」と平気でいいにくる例もあるという。こんな不当・非常識な嫌がらせ攻撃に

負けることなく、愛媛県の「開かれた議会をつくる会」が町や議会に質問状を出したり、抗議行動を繰り返しながら渡部議員の活動を後押ししている。わたしも時に応じてアドバイスをし、エールを送っているが、議会の中と外が連携し、閉ざされ続けてきた議会の恥部を白日にさらけ出すことによって、徐々にではあるか、必ずや議会の閉ざされた扉はこじ開けられると信じているのである。

参考『議員必携』（学陽書房）より

「全員協議会は、議会内部運営上の問題や行政上の重要事項等についての協議や自主的な勉強会等にとどめるべきである。前記以外の全員協議会は、その運用によっては本来の議会の審議を形骸化、空洞化するばかりでなく、住民不在の議会となる等多くの弊害が生じるおそれがあるので、適切な運用を図る必要がある」。

東京都議会よお前もか

東京都議会の議会運営の問題点や政務調査費の不透明さは『デスマッチ議員の遺書』（インパクト出版会）に「東京都議会の現状と批判」として書いたが、ここにきて、議会の多数派の横暴がさらに強まり、自民、民主、公明が少数派の発言の権利を制限する暴挙に出るという、由々しき事態を招いている。

○一年十一月二十七日　議会運営委員会

一人会派の一般質問は短い時間ながら毎回行なうことができたが、これを年に一回、十三分に変更。議案の賛否の討論参加はこれから検討すると決定。これに対し、一人会派の四議員が抗議文提出・記者会見で不当性を訴える。

同年十二月三日　議会運営委員会

一人会派が定例会ごとに議案の討論に参加するのは（議会だよりなどで目立ちすぎるから）ご遠慮いただく。討論通告があればそのつど議運で協議すると決定。

同年十二月七日　議会運営委員会理事会

決定機関でもない議運の理事会で印刷物などには、一人会派は今後、会派名でなく「無所属」とすると「決定」。

同年十二月十八日　議会運営委員会

一人会派の福士敬子議員ほか一名の討論通告を、自民、民主、公明が問答無用とばかりに無視し、却下して討論の機会を奪った。なお、この日の議運では共産党と生活者ネットの委員が少数派の権利擁護に回った。同日以降、一人会派全員（四名）で議長に抗議文を提出したり、記者会見を行なって不当性を訴えている。

一人会派の福士敬子議員はレポートで次のように怒りを表わして訴えている。

「都議は一人ひとり有権者に選ばれ、それぞれの権利は政党と無関係だ。会派は議会運営上の利点としてあるが、不思議なことに、都議会の条例に定めがないまま『会派』という言葉が使われる。

代表質問は会派代表が行うが、一般質問は全員が同じ権利を持つ。顔写真も交渉会派だけというのも理不尽だし、言論の府であるべき議会で、質問や討論を封じるのはいかに議会の本質を知らない議員が都議会を牛耳っているかということになる。中でも、議案に対し、反対・賛成の討論をし、判断を下すことこそ本来の議会の姿ではないか。『認めるかどうか』などを審議するなど、もう論外。しかも、委員会自身が、直前に自分たちで決めた規則を次々と破って変えていくことすら恥じない。今回（注・〇一年十二月議会）、一人会派の『目立ちすぎ』に発奮した自民党は、これまで六人くらいしか質問しなかったのに、突如九人が質問に立った。特に新人は、借り物でない『自分の考え』を表明し、おもしろかった。私は自民党の民主化のお役に立ったらしい」

福士議員の主張の通りである。およそ議会の存在そのものを否定するかのような都議会の自民、民主、公明の議員の資質の低さには、怒る前にあ然とさせられ、また、各政党はよくも言論の場で言論を封殺する、この低レベルの議員ばかり集められたものと感心？　させられるのである。前段で愛媛県議会の〝閉鎖性〟と〝後進性〟を書いたが、まさに「都議会よお前もか」と、一都民として怒りと恥ずかしさを禁じ得ないのである。

終　章　「死に体」となった市長

「死に体」となった市長

新世紀に入って早々の東京の武蔵村山市、志々田浩太郎市長が四分の三を超える議員に辞職勧告決議（別掲）を突き付けられ、完全に「死に体」となったが、議会側も解散が恐くて不信任決議に踏み切れず、反市長の会派間の思惑も異なることから足許がおぼつかなく、「死に体」市長と「ふらふら」議会の弱者同士による全面対決の様相を呈し、市政の先行きは極めて不透明となっている。

ことの発端は年末の市長の後援会の忘年会。

「（市長として）やるべきことはやって燃え尽きた。この国は十年たったら駄目になるので、来夏の参議院議員選挙の東京選挙区に民主党公認で出る」

と市長が不用意に大口たたいたことから市民を巻き込んだ迷走が始まったのである。

公認争いが難航しているとの新聞報道があった直後に表に出せば、さまざまな動きが予想されるものだが、そこまで頭が働かないのがこの人物の弱点で、公認阻止の勢力とわたしの「念力」などの前に野望は粉砕され、たちまち「死に体」となっていった。

新年早々、与党の〝隠れ自民〟が野党に転じ、

「民主党の公認争いに破れたから市長職にとどまるとはけしからん。居座りを許さない」

と公明党、共産党と共同提案で辞職勧告決議に踏み切り、十五対三で可決した。

決議を突きつけられた市長は一時期、市長職を辞めて親の会社の仕事をしようかと後援会の会合で弱気になって語っていたが、やがて生来の頑なな性格が持ち上がり、「わたしはなにも悪いことはしていない」と居座りを決め込んだ。

市長にとっては「何も知らない」と「恐いものなし」は同意語なのか、市長は庁議での多数の部長職の忠告も無視し、強引に議会に再議を求めたが、議会側は逆に賛成者を増やして全員賛成で再決議し、再議に付した市長の越権行為をとがめ、問責決議（別掲）をこれも全会一致で可決した。

ちょうど、森首相が各方面から資質を問われていたころ、符丁を合わせるようにこの辞職勧告騒動が起こっていた。

わたしは二年前に引退し、しばらく大田区に転居していたが、「ふくおひろしの監視の目と遠隔操作」と称する「通信」を立て続けに発信して議会の動きをフォローし、

「決議にあげられている理由だけでは辞職勧告に値しないが、独断専行で資質に欠ける市長の市政運営を批判し、『合わせて一本』として辞職を勧告したのなら、議会の止むを得ない権限の行使であろう」

とエールを送り続けた。それで気がついたのか、議会側はその後、独断専行の市長の資質を追及する姿勢に変わり、具体的な事例を並べたビラを自、公、共などの四会派で作成して新聞に折り込んで追撃した。

こうして市長と議会との対立はますます激化してのっ引きならなくなっているのである。

細川政権当時の日本新党ブームは「日本新党の公認なら猿でも当選する」と、やゆされたものだが、その風が武蔵村山市にもたらしたものは「さきがけ・日本新党」（当時）の政審の書記として使い走りしていた若者の市長への道だった。

当選時に「全国最年少の市長」と注目を集めたが、どういう育てられかたをしたのか、まれに見る頑なな性格からくる独断専行と、人間社会の常識をはみだした行動ですぐに馬脚を現わしたのである。

市長の資質

当選後の最初の登庁では自転車でやってきた。そのころからパフォーマンスだけは一人前で、初の記者会見では、

「黒塗りの乗用車に踏ん反り返っているような市長にはなりたくない」

と大見栄を切ったはいいが、新聞記者の姿が遠ざかると、日をおかずに黒塗りの庁用車の後部座席に踏ん反り返っていた。最近では、朝の迎えの庁用車が自宅に着いてからベッドを離れ、運転手

を待たせたままシャワーを浴びて悠々と出てくるというお殿様ぶりに、秘書課は困り果てているとか。

若いのに謙虚さがないどころか、威張るのだけは立派？　なもので、秘書係の女性の職員にレストランから市長室まで昼飯を運ばせていたが、「公私混同」とわたしに書かれ、やっと姿勢の悪さに気がついたのか、今は、自分で食べにいっているようである。

要するにその程度だったから、数々の問題を引き起こしていったのである。

最初に議会側をあきれさせたのは、全員協議会で当初予算の事前審議を求め、議会側に拒否されたお粗末な一件（二二三頁参照）。

当選後まもなく、市政功労者の葬儀で市を代表して弔辞を読む機会が訪れたが、今どきの若者の例に漏れず、漢字や用語に疎いために正確に読むことができず、参列者に嫌な思いをさせていた。

弔辞は事前に目を通し、読めない漢字は秘書係にこっそり聞けばいいのに、自分だけ頭がいいと勘違いしているのか、それができないようである（五二頁参照）。

「原則公開」と「知る権利」を明記してある市の公文書公開条例を知らず、議会提出の資料の中から自分が使った食糧費や交際費の使途明細を引き抜いて隠し、議会からお目玉を食らったこともある。まるで駄々っ子の世界である（八九頁参照）。

その時、「市長権限で提出しない」という市長と激論し、「条例で公開が義務づけられているのだから市長には提出を拒否する権限はない」と教え諭した部長職を市民会館に左遷。職権乱用は目にあまるものがあった。

常任委員会に市長が勝手に入ってきて発言しようとしたことをとがめた議員の質問に、議会事務局の管理職（課長）が、「職員は委員会の要求によって出席するもので、市長だからといって勝手に発言できるものではない」と説明したことが不満で、市長のいいなりの当時の議長に当該管理職の異動を求め、係長の職である出張所長に追いやった。〝ご乱心〟はこれにとどまらず、その直後に、側近といわれていた部長職の何が気にくわなかったのか、その部長も出張所に飛ばしてしまった。

この種の懲罰的な異動は日常茶飯時となり、市長の気にくわない職員を異動させる外部の職場は満杯となり、全庁に職員の不満の声が満ち溢れるようになっていったのである。

気に入らない事案の決裁は一カ月以上も先延ばしして職員を困らせることがあるのに、自分の取り巻きや後援会関係がからんでいる案件は他にさきがけて即日決裁する。

一期目の中ごろから、野党の共産党と親密な関係になり、妻君に家出されたと泣きながら、「どうしたらいいでしょう」と共産党の議員団長宅に相談に行き、それを共産党筋から意図的に巷に流布される醜態を演じていた。

共産党を与党に取り込もうとしたのか、頼りにしていたのか？　都議会議員選挙の共産党候補の推薦人になったが、激怒した与党の公明党の抗議で告示前日に取り消す体たらくで、両党に迷惑をかけていた。

そんな苦い経験があるのに、忘れっぽい性格も併せ持っているのか？　二〇〇〇年の衆議院議員選挙では都内で数少ない与党の公明党の現職がいるのに、自公協力の方針で自民党公認をはずされた無所属候補を応援し、結果は両方落選で公明党の怒りを買い、二十一議席中に五人も占めている公明党市議団を敵に回してしまった。さらに、冒頭に記載した民主党から国政に転じようとして失敗した事実が表に出て、二期目から与党になっていた自民党を怒らせ、文字通りの裸の王様になったのである。

徐々に与党を増やして総与党体制を築く首長は多いが、自らの不見識な言動が原因で与党を蹴散らしていく世にも珍しい人物である。

東京都庁から出向の助役は「とてもじゃない、やってられないよ」とばかりに、任期の半分を放り出して逃げ帰るありさま、以後、助役のなり手がいない。

公立保育園の廃園を密室で決めて大批判を受け、議会では職員が渡す答弁原稿がないと答弁に立てないので、議員からご指名があっても終始だんまりを決め込み、部長職が脂汗タラタラで答弁する始末。住民団体の反対署名簿もイヤイヤして受け取りを拒否し、この一件で自民、公明より親密だった野党の共産党とは完全に喧嘩別れとなってしまった。

石原慎太郎東京都知事が横田基地の官民共用構想を持ち出すと、議会にも相談することなくただちに勝手に賛成し、飛行コースの真下に位置する瑞穂町の町長から「騒音被害を受けている周辺市町の痛みを無視するもの」と抗議を受け、火葬場の使用を拒否された。

市内に火葬場はなく、早い時間の葬儀を強いられ、遠い火葬場を使う羽目になった市民が迷惑しているのに、議会では「市民には影響がない」と突っ張るばかりの頑迷さ、市民の不便を見かねた議長が動き、瑞穂町長と同町議長に頭を下げて条件付きで使用を認めてもらったのに、お礼の言葉もないようである。

田無（現・西東京市）青梅間を走っている都バスの沿線市町村の負担金を突然打ち切ると口走り、沿線の市町長の総スカンをくい、その上「真意を聞きたい」との青梅、田無の両市長の面会をイヤイヤする無礼に、職員は困り果てていた。

東京三多摩地区の九市で経営している公立昭和病院の財政事情を考えずに突然「脱退する」と口走り、関係者をあきれさせている。

このように周辺に与える影響や手続きを無視するのは〝専売特許〟と考えているのか、学校跡地に突然、六百床の徳洲会病院を誘致する計画を議会にも協力関係にある医師会にも相談せずに独断で決め、土地の賃貸借契約を結び、大騒動を引き起こしている。

人の集まるところなら金一封を懐に入れていそいそと出かけるが、要求を持った団体とは絶対に会わない。会っても平気で一年くらい待たせている。

多摩地区への東京都の予算増額を求める大切な市長会をさぼり、昼間から市内の各種団体の新年会のハシゴをやっていたことまで明るみに出た。欠席理由を議会で問題にされると、当日の市長会を「セレモニーだった」と答弁。他市の市長を激怒させる始末。

この市長の当選以来、その資質を見抜き、「武蔵村山の歴史上最低、最悪の市長」と鋭く追及してきたのはわたし一人だったが、それでも、その資質にやっと民主系を除く全会派が気づいてくれたのは、わたしの引退から二年もたってからという感度の鈍さだった。

国政転出の野望を打ち砕く

市政運営に行き詰まった志々田氏が、逃げ場として国政を狙っていたのは彼の後援会の情報で知っていたから、それを阻止して政治の世界からの完全追放を狙っていたのはわたしの執念であった。民主党の公認を阻止した後、大田区から発信する、わたしの監視と遠隔操作の「通信」が現職議員よりも早く議会の現状を市民に知らせる役を果たし、大量のコピーとなって商店や病院の窓口にも置かれ、多くの市民に読まれているというのだから、痛快である。わたしの知名度を利用（悪用）した、「ふくおひろし通信」の贋作らしきものも出ているというのだから、まさに、活字は武器である。

そのころ時事通信社発行の「官庁速報平成十三年二月二十八日号」は武蔵村山市政の混迷の現状を伝え、「自公共が共同推薦の市長もありうる」と他の役所にお笑いのネタを提供していたのである（別掲）。

国政転出阻止の決め手はふくおひろしの議会通信と著書

民主党の公認争いに破れた市長は記者会見で、

「民主党との公認の条件が合わなかった」

と述べたが、一言でいえば、市長として落第点を付けられたのが正しいようである。

民主党は当時、やがて予想される党分裂に備えた激しい多数派工作が行なわれていたのである。そのような状況の中で、力量不足から市政運営に行き詰まった志々田氏から「国政に転身したい」と相談を受けた菅直人衆議院議員（民主党幹事長）が、彼一流の強引さで公認候補に据えようとしたが、反対派の猛烈な巻き返しを受けて土壇場で引き摺り下ろされて決着がついたのである。

問責決議の理由にある一月十日の議会代表者会議のドタバタはその結果がもたらした醜態である。

民主党内の志々田公認反対派は、形勢を有利に展開するため、志々田市政の問題点を調べ、「開かれた市政」からほど遠い現実や、情報公開を恣意的にねじ曲げたりしている姿勢から、民主党の国会議員候補としてふさわしくないと判断して巻き返したもので、わたしの著書や在職中に書いた「議会通信」がその判断材料として大きな役を果たしたようで、大満足である。

裸の王様の醜態

民主党内の公認阻止の仕掛けを感知しえない市長は、一月十日朝、副議長に口頭で「参院選出馬のための辞職」を議題とする代表者会議を要請したのである。

市長が辞職する場合は議長に辞表を提出すれば手続きが進むものだが、出馬表明で公認争いに弾みをつけようとしたのかもしれないが、世の中はそうは簡単に問屋が卸さない。

その日の朝、庁内の行革本部会議に出ていた市長にどこからか連絡が入り、会議を休憩にしたまま慌てて外出し、半日も行き先が分からなくなったのである。

この間に民主党筋から公認にならないと知らされたようである。慌てて帰庁した市長は、その日の午後の議会代表者会議の議題を詭弁で差し替えたが、議会に対してこんな失礼な話はない。

それ以来、圧倒的多数の与党を失い、辞職勧告決議を可決されたのは身から出た錆である。

親身に助言する参謀がいないのかもしれないが、田舎オヤジのような頑なな性格が決定的に事態を悪くしたのは間違いない。

どうする市議会

志々田市政の最大の欠点は「事務事業の決定までのプロセスの不透明さ」にあるのだから、議会や多数の職員が交代を求めるのはこの時代のごく自然な成りゆきなのである。このことを心して武蔵村山一流の派閥的人事を排除して市政運営に当たるのなら、誰がやっても現状より悪くなることはないだろう。

新政会は脱落予備軍を抱えているのと、解散が恐くて、共産、公明が考えている不信任案に同調できないでいるようだが、職員が意欲を持って働ける市役所にしなければ、市民サービスは低下するばかりである。そのためにも、独断専行で近隣の他市町との協調性を欠く市長に、あらゆる手段で退陣を迫るのは必然の選択ではないだろうか。

財政事情を無視した建設事業ばかりだとのかつての与党議員のレポートも目にしているが、それではなぜ、箱ものに賛成してきたのか、反省が先ではないのか？

現職が過去の市長と違っているのは、

「市長室に平気で業者を入れているので、今までの市長にはなかったことと忠告しておいた」（古参の某議員）

といわれるほど行動が不透明なことである。

業者選定委員会の規定を変え、市長が委員長を務めているということも明らかになっている。前述したように、倫理上の問題もある。

この程度のことを判断できない人物なのだから、議会側が何らかの対応をするのは当然ではないのか。

墓穴を掘ったか

日産自動車の武蔵村山からの撤退発表以来、下請けや従業員への影響をほとんど無視し、「財政的には影響がない」と強弁してきた市長が、今度は、自身の「市政報告」紙二月号に堂々と日産の法人税額と固定資産税額を公表していることが巷と職員の間で問題視されている。

企業にも個人にもプライバシーがあるのだから、公式な場で議員が質問した場合でも、市側は税法の守秘義務に当たるとの理由で答弁を避けている。これは当然のことなのである。

法人・個人の納税に関する事務を知る立場にいる者が、堂々と「市政報告」で暴露するのでは、市民は市役所の仕事を信用できなくなるだろう。

わたしが現職なら予算委員会で皮肉たっぷりに、次のように質問してみる。「ところで、市長のお父上の会社と個人の市・都民税と固定資産税の税額、法人税はいくらになっているのか？　納期までに一度も遅滞なく納税されているのか」

担当部・課長はどう答えるか？

地方税法には秘密漏洩に関して罰則が次のように規定されているのである。

地方税法第二十二条（秘密漏洩に関する罪）

地方税に関する調査に関する事務に従事している者、又は従事していた者は、その事務に関して知りえた秘密をもらし、又は窃用した場合においては、二年以下の懲役又は三万円以下の罰金に処する。

市長はこの規定に定められた職員から聞きうる立場にあるから、その地位を利用して知りえた日産の課税額を公表・暴露すれば、当然、刑事責任を問われることになるだろう。

ここでは秘密を暴露された被害者は日産自動車だから、被害者として告訴する権利があるが、もう一つ、だれでも行使できる権利として「告発」という手段が刑事訴訟法に次のように規定されている。

刑事訴訟法第二三九条（告発）

①　何人でも、犯罪ありと思料するときは、告発をすることができる。

②　官吏又は公吏は、その職務を行なうことにより犯罪があると思料するときは、告発をしなければならない。

つまり、違法行為が行なわれた事実を知ったら、だれでも簡単に「告発」という手段に訴えることができる規定である。裁判官の妻の捜査情報を漏洩した福岡地検の検事が公務員法違反で市民から告発され、新聞テレビを賑わせていたのもこのケース。また、公務員にはそれが義務づけられているのだから、議員のだれかが議会の予算特別委員会でわたしのようにネッチリと、市民部長や課税課長に、

「市長に日産の課税額を教えたのはだれか」

「市長に漏らすことは守秘義務違反にはならないのか」

「市長は広い意味の職権でそれを知りうる立場だったとしても、職員から聞き出すか、課税台帳を見て知った市長が、課税上の秘密を自身の『市政報告』紙で公表した場合、守秘義務違反に問われるのではないか」

「刑事訴訟法で職員には告発義務が規定されている。当然、市長・志々田氏と市長の『市政報告』発行責任者の柳下某を告発すべきではないか」

と、一問一答でやりとりを深めていけば、「答弁調整のため」として議会は休憩の連続になると思うよ。ただし、わたしのようなテクニックを駆使するネチッコイ議員がいればの話であるが……。議会のやりとりは別として、志々田氏の市政運営に疑問と不満を持ち、退陣してほしいと思っている人が「これだ、これだ」と気がついて告発すると、ひょっとしてひょっとするかもしれないのである。

敵意に満ちた職員批判

志々田氏が書き、一部の新聞記者に手渡した「素稿」と称する二十一枚の原稿が手に入った。一読して、助役や部長職に対する悪意と敵意に満ちた内容に驚いた。

その文章を紹介しながら批判する。

「市長がこの方針でいきましょうと確認して議会に臨んでも、本人の本音が違えば平気で答弁を変えてしまう部長もいる。市長になったばかりの頃は、部長の答弁を市長が訂正することがよくあった。しかし、あまり表舞台で恥をかかせるのも大人げないので、途中から打ち合わせと違う答弁をしている横で咳払いして、注意を喚起するようになった。その度ごとに指摘を続けたので最近では正面きって抵抗する方はいなくなったが、今度は議会資料の数字を間違えて報告したり、すでに取り組んでいる内容をこれからといって報告したりと、間違った情報によって市長に答弁させて恥をかかせるという、巧妙な手口に変わってきている」

職員を統括して行政運営に当たる立場にいる者がこんな書き方しかできないのでは失格だ。職員が手渡す原稿がなければ答弁に立てない身でよくいえたものである。

仮に、悪い部長がいたのなら、注意すれば済むことで、これではまじめな職員が救われない。議会提出資料の数字などが間違っていて、議員の指摘で差し替えられることはあるが、「人間のやることに間違いはある」と考えるわたしとは頭脳の構造が異なるようで、「市長に恥をかかせる巧妙な手口」と書く心の貧しさには、ただ、驚くばかりである。

「表向き支えながら都合の悪いことは行なわないようにするその技術は見事なもの……」と幹部職員に対する罵詈雑言もある。

将来の回顧録にでも書くのならともかく、辞めたばかりの自分の補佐役に対する思いやりもないようだ。こんな感覚でいるから、東京都からきた助役もあきれはてて任期途中で逃げ帰ってしまうのだろう。職員をここまで罵倒するのだから、庁内一丸となっての市民サービスは無理である。

文章中に流れているのは、「自分は優秀だが、職員は支えようとしないし、市長の足を引っ張る」という論調である。

一生懸命に仕事をしても報われるどころか、外向けに批判ばかりされるのでは職員は浮かばれない。そしてまた、一人の優秀な部長職が年度末に、「毎日市長の顔を見ているのが嫌になった」と定年を待たずに退職してしまった。

情報漏れを嘆く

市長の後援会のたった二、三十人の会合で、

「この後援会の会合で話したことが、ふくおひろしに筒抜けになっている」

と市長がぼやいていた。わたしがスパイを潜り込ませているわけではないが、後援会の中に潜り込んでいるスパイの存在を意識して嘆いているとは可哀想で、同情に値する。しかも、引退してしばらく地元を離れている元議員の存在が恐ろしくて気になるとは、態度のでかさに反してなんと気の弱いお人か。

今どきの情報は外務省のリーク程度ではない。録音テープでただちに巷に筒抜けなのだから、漏れて困ることはいわなければいいのに、それができないところにこの人の弱さがある。

後援会の忘年会での挨拶がきっかけになって公認つぶしの動きが加速したのを思えば、もう少し利口になってもいいと思うが、相変わらず血のめぐりが悪いようである。

最近は技術の進歩で小型で優秀な性能の盗聴器もあり、時計やベルトのバックル、袖口のボタンなど身に付けるものすべてが隠し場所になりうるのだ。

「奥さんとの会話も聞こえるよ」なんて冗談だが、そんなに気になるのなら一度、身の回りを整理してみたらどうか。

歴代市長の市長室の会話の内容も逐一わたしの耳に届いていたように、市長室に限らず盗聴装置

を仕掛ける場所は数え切れないくらいあるのだから、議会に予算を承認してもらい、業者に委託して調べてみたほうがよろしいのでは……。なんたって、市長自身が業者選定委員会の委員長に収まっているのだから、ごひいきの業者と自在に随意契約を結べるのではないか、と思わざるをえないのである。

市政発展の阻害要因に送別の花束と自転車を

圧倒的多数の与党を失い、職員の離反を招き、都庁や周辺の市町長の笑いものになっている身を顧みることなく、「死に体」で居座り続けている姿は「醜悪」そのものである。

独断専行の資質・人格を問われているのに、自身が市政発展の最大の阻害要因となっていることに気づいていないところに、本人の不幸と市政の混迷がある。

議員報酬と同じく、能力に関係なく支給される市長の給料が魅力なのかも知れないが、退職金制度のない議員と異なり、市長にはびっくりするほどの高額退職金の支給が保障されているのだから、当面の生活費に困ることはないだろう。だからというわけではないが、ここらが潮時である。

退陣式には人物の好き嫌いに関係なく、慣例に従い、職員代表が腹の中を隠したまま作り笑いで花束を贈呈するだろう。

退職後の市長室にはどなたでも、人相の善し悪しに関係なく、在職したあかしとして写真掲額が保障されている。

叙勲は無理だろうが、辞めた年の秋には市政功労者の表彰もあるし、市の大きな記念行事などには退職した議員と同じように来賓の招待状がくる。不幸にしてこの世を去ったときには、市長経験者として二百万円くらいの弔慰金が出るはずである。

じっくりとここ数年を振り返り、

「つまるところは、一時の風だよりの〝あだ花〟だったのかなあ」

と感慨にふけるのもよし。

今までは、役所の決裁もせずにどこかでパソコンをやっていたと聞くが、これからは思いっきりの自由時間が待っているのだから、最初の登庁時のパフォーマンス同様に自転車で去ったらいいと思うよ。もっともあのパフォーマンスだって三日坊主、マスコミの姿が見えなくなったら、早々に黒塗りの車にふんぞりかえっていたもんね。

反市長派が八割もいるのに、解散を恐れて不信任案も出せずに及び腰の「ふらふら」議会も、市政の正常化のために何をなすべきかを協議し、戦い方を決め、市民のためにそろそろ踏ん張りを見せる時期にきているのではないのか。

（二〇〇一年夏大田区にて）

資料

市長の辞職勧告決議

武蔵村山市長志々田浩太郎君は、昨年一二月二八日に行なわれた市役所の仕事納め式において、市職員の前で「市民総合センター、体育館、温泉施設等に着手したので目的を達成した。このため燃え尽きた云々」とあいさつしている。また、今年年頭にもモノレールの延伸についての要望をしないということを言っている。さらに、去る一月一〇日には今夏の参院選に向け、市長の職を辞したいという内容を副議長に伝え、会派代表者会議を開かせておきながら、いざその場では「助役の選任について」などと問題をすりかえる始末。こうした市長の身勝手な言動から、庁内はもとより、市民、議会を混乱させた責任は重大であり、今後、市政を担当することを容認できない。

したがって、武蔵村山市議会会議規則第一三条により、当市議会は、市長志々田浩太郎君の辞職勧告を決議するものである。

平成一三年一月二二日

武蔵村山市議会

市長に対する問責決議

市長は、去る一月二二日臨時議会において議決した「市長の辞職勧告決議」を地方自治法第一七六条四項に基づき、「議会の越権」として再議に付した。法第一七六条四項の越権とは、議会の権限外、つまり無権限の事項について議決した場合を指すのであって、上記「辞職勧告決議」は議会の正当な権限によるものであることは明白である。

そもそも、法第一七六条四項は、議会の越権若しくは違法な議決又は選挙に対しては、市長は再議に付すことを義務づけている規定であるところから、越権若しくは違法な議決であることが客観的事実としてなければならず、越権若しくは違法な議決でない議決を再議に付すことはできないものである。以上のことから、市長のなした再議は、市長権限の乱用に当たり、法第一七六条四項の注意を損なうものである。

よって、市長を問責する。

平成一三年三月二日

武蔵村山市議会

時事通信社「官庁速報平成十三年二月二十八日」

◎アンテナ

自公共が共同推薦？（東京武蔵村山市）

一月臨時議会で志々田浩太郎市長の辞職勧告が決議された東京都武蔵村山市。同市長は三月二日からの市議会で決議の再議を求める意向を示し、一方、議会からは「今の市長以外ならだれでもいい」と自民、公明、共産各党が対抗馬を共同推薦するとの声さえ上がる。議会の対応次第では二〇

○一年度予算案の審議前に、市議会の解散や市長辞任もありうる波乱含みの状況になっている。

発端は、志々田市長が今夏の参院選東京選挙区に民主党公認で出馬する意向を示したこと。今年初めまでには後援会に国政転出の是非を聞くなど、「公然の秘密」（某市議）になった。ところが同党の候補は別の大学教授に決まったため、市長は一月議会で一転、市政への専念を表明した。これに対し、議会各派は一月二十二日の臨時議会で「公認が得られないから市長を続けるのでは市民が納得しない」などとして辞職勧告を十五対三の賛成多数で決議。しかし市長は「辞職するとは言っていない」として、三月議会では同決議の再議を求めると反発している。議員の四分の三以上が同決議に再度賛成すれば市長不信任と見なされ、市長は議会の解散か市長辞職に追い込まれる。

議会の辞職勧告の裏には、志々田市長への不信感がある。同市では来年度から、総合体育館や福祉機能を集約した市民総合センター、温泉入浴施設が相次いで着工され、中心部の区画整理や火葬場の建設なども目白押し。市長は「建設費や運営費の圧縮で将来に負担を残さない」と主張するが、「市民の担税力は都内二十六市中最低」と市財政課が認める市には、後年度負担への不安はぬぐえない。

新年度予算案発表時に、市長は「健全財政は続きます」と書いた自らの後援会報を配ったが、同時配布の資料には「現在の収支では財政調整基金はあと七年で底をつく危機的状況」とあった。

ある市議は「市長と職員の意志疎通がない。市長を代えないと取り返しがつかなくなる」と危機感をあらわにしていた。

ついに市長の椅子から転落

解散が恐くて市長の不信任決議に踏み切れなかった議会だが、二〇〇二年五月の市長選挙を控えた三月定例議会、圧倒的多数で一般会計当初予算を否決して全面対決の火ぶたを切った。そして市政史上初めて〝隠れ自民〟と公明党、共産党の議員団の共闘が変則的ながら成立し、対抗馬として志々田氏の助役を一期務めた後、使い捨てにされて不満を漏らしていた荒井三男氏を担ぎ出したのである。

わたしとしては反志々田なら誰でもいいというわけにはいかない。志々田氏の密室政治を四年間支えた人物の当選に手を貸すことはできないが、抑圧されている職員の気持ちを推し量り、ここは志々田氏の落選を期待しながら静観を決め込むことにした。

新市長の誕生は、あるいは形を変えた「新しい悪政」の始まりの第一歩になるかもしれないとの思いがあったが、現在の悪政を押し止める意味で現職の落選を複雑な思いで祈っていた。

そして志々田氏はこの変則的な共闘の前にあえなく敗北し、市長の椅子から転落を余儀なくされたのである。

頼りにしていた自、公に見放された志々田氏は民主党支持層と無党派層の支持に照準を合わせ、現職の知名度を頼りに当選を目指して早くから準備を進め、自信満々のようだった。わたしも接戦を予想していたが、志々田陣営が選挙葉書と選挙公報に「推薦人」として石原慎太郎東京都知事と周辺の九人の市長の名前を無断で使用したことが発覚した段階で、無党派層は現職を見放すと確信した。志々田氏の〝独断癖〟はついに直らず、大切な選挙にも持ち込まれたとはお粗末を通り越している。

志々田氏の出陣式で読み上げられた東京都知事の「激励電報」が架空のものと新聞に暴露されると、今度は「都議会議長の電報を知事のものと勘違いした」と説明したというが、都議会議長側から「電報を打った事実はない」と否定されるありさま。公職選挙法の「虚偽事項の公表」で刑事告発されているようなので、やがて刑事責任を問われるだろう。

志々田氏の市政運営をただ一人「史上最低・最悪」と批判し、厳しく対決してきたわたしとしては、〝隠れ自民〟と公明党などの与党が同氏の資質とまれに見る特異な性格に気づくのが遅きに失した点に不満が残るものの、市政の転換を目指して自・公・共の変則的な共闘で現職を追い落とした選挙結果は混迷市政が正常化する第一歩と率直に歓迎している。

議会と執行機関が権限を明確に分かち合い、相互に牽制し、緊張関係を保ちながら車の両輪で進めなければならない地方自治の原則が志々田氏には理解できないのか、あるいは市長には「万能の権限」があるかのように錯覚していたのか？　一輪車で暴走すればどこかで転倒するのは目に見えていた。そして市長の椅子からあえなく転落した。

数々の独断専行で与党に見放され、議会と対立を続け、結果として市政の発展を阻害してきた志々田氏の落選は必然の結果だった。ただし、後がまが誰でも良いということではないのは、これまた当然だろう。

投・開票の日、インターネットを通して遅くに確定票を確認した後、はらはらしていたであろう市職員の気持ちを推し量り、一人ひとりの顔を思い出しながら、遠く離れた大田区で一人で深夜に乾杯のビールをのどに流し込んだ。実に甘く、格別な味がしたのはいうまでもない。

独断専行が目に余り、二期目早々に与党志向の強い自、公に離反され「死に体」に追い込まれていたのに反省の色もなく、選挙でも〝独断癖〟は直らなかったとはあきれるばかりである。個人的な恨みもないし敗者にムチ打つ気もないが、まさに、文字通り「身から出たサビ」である。

今の市役所は「いたずらっ子におもちゃ箱をひっくり返されたような状態」「職員の人間関係をズタズタにされた」（いずれも〝隠れ自民〟の某議員）というように役所の中の状態は「物言えば唇寒し……」で異様である。ここは市役所の立て直しが急務である。

前述したように、わたしは「反志々田」ではあったが、新市長の「荒井三男支持」ではない。三十年も前から職員としてのこの人物を観察してきただけに、今回の政変が「新しい悪政」の始まりになるかもしれないとの危惧の念を捨て切れないのである。そこで辛口の注文を付けた「通信」で新市長にエールを送っておいた。引退し地元を離れていてもなお、市政の現状に心を痛めていたもののの心情が伝わることと信じている。

新市長に望むこと

職員の異動・昇格には、かつてのような元職員や議員の介入を排除し、公平に……。

特別職は国・都に頼らず、庁内の有能な人材を登用し、職員の志気の向上を……。

議会の果たすべき役割を正しく認識し、車の両輪で市民サービスの向上を……。

「原則公開と知る権利」を規定してある情報公開制度の趣旨を最大限に尊重し、事業決定などの意志形成過程の透明性を高めるため、庁内のあらゆる会議から、会議録に残らない「休憩中の協議」の廃止を……。

与党対策の名の密室協議の廃止を……。

市の基本方針の「総合病院の誘致」は市民の願いにつき、医師会の理解と協力を得ながら、民主的な手続きで結論を……。

一部事務組合などの広域行政の事務の円滑化を図るために、失われていた近隣市・町との信頼関係の再構築を……。

いずれも故人となられたが、荒田繁之元市長の「議会答弁の誠実さ」と、渡辺礼一元市長の「業者との関係の清潔さ」など、野党ですら評価していた諸先輩の良い面を引き継ぐことを……。

市民のための是是非非の議会を

与党だった〝隠れ自民〟と公明党は「市民のために独断専行の市長を代える」目的で変則的ながら共産党議員団とも共闘したはずである。今回の共闘から良い経験を得たはずである。この経験を今後の議会活動に活かしてもらいたいものである。

武蔵村山市では現在、下水道料金の改訂が検討されている。前回の条例改正時にわたしが主導して条例を否決した後、特別委員会を設置して違法な事務を白日にさらし、改めるよう「決議」を突きつけた。それを市側が受け入れて再提出した際、共産党議員団は自らも提案者となって市長に突きつけた「決議」の条件が満たされてもなお、黙って反対してわたしを失望させた。言い分が聞き入れられても反対するとは世間の常識にはないことであるが、今回は与党としてどうするのか？与党だからといって何でも賛成する必要も義務もないが、市の財政に責任を持つ立場で是是非非で対応する姿勢が必要だろう。現職時代にもっとも共闘が多かった者として関心を持って注目していたい。

現職支持だった民主系無所属の二議員は行政批判を「悪」と考え、「予算案に反対するのは間違い」との信念めいたものを持っているようなので、今まで同様、すべての議案に賛成要員として手を挙げるのは目に見えている。志々田氏の市政からの追放には成功したが、行政チェックを忘れたオール与党体制は考えただけでもゾッとする。

この機会に議院内閣制の国政のまねでなく、有権者の直接選挙で選ばれる市長に対し、議会総体が野党的な立場で「行政を監視し、批判し、牽制する」本来の姿に立ち返ることを希望している。

（二〇〇二年五月二十九日・志々田氏の任期満了の日に……）

あとがき

「武蔵村山市で議員が市役所でタダで口に入れられるものは水と空気だけ」と各地の講演で話すと、必ずと言っていいほど信じられないという顔をされるが、議会費（交際費、食糧費、旅費、会派調査研究費等）の使い方の透明度は徹底的に高めてあり、情報公開も進んでいる。議会運営も完壁に市民に開かれている。「全国屈指の民主的な議会運営」と評価を受ける市議会の申し合わせ事項や慣例等は『ザ・地方議会』（三一書房）に詳述したのでここでは重複を避けるが、市民に開かれている一部分を記すと次の例がある。

委員会条例で「会議公開の原則」を定めて市民の傍聴を権利として保証し、だれもが、すべての会議を傍聴（監視）できるように、同一日時に同時に常任委員会・特別委員会、議会運営委員会を開くことはない。このことによって委員外議員の権利も完壁に保証されている。このほかに議員の固有の権利はほぼ完壁に保証され、全国に例を見ない「開かれた議会」のルールが確立されているが、〝名誉職議員〟にとってはこのルールは宝の持ち腐れで必ずしも生かされていないのは残念の一言である。また、全国に多くの「開かれた議会を」目指している議員はいるが、いまだに旧来の閉鎖議会に風穴を開けた例が少ないのも不満の種であるが、後に続くものを信じて引退した。本書を読み終えた読者の皆さんが、「そうか、我々のところはどうなっているのか」と身近なところから政治を見直すことを期待し、他の市議会の馴れ合いの悪例をまじえながら事実に忠実に赤裸々に書いたつもりである。

わたしの議会活動の記録としては一九八六年に「ノンフィクション朝日ジャーナル大賞」を受賞した『たった一人の革命・東京村デスマッチ議員奮戦記』（朝日新聞社）と『ザ・地方議会』（三一書房）などがあるが、本書はその続編としてまとめたもので、議会を市民の手に取り戻すための手引きとしての役割を果たせるのであれば幸いである。

なお、ここでは地方議員の役割すら理解していない多くの議員と公務員の「親方日の丸的」な意識と姿勢をありのままに書いたが、その舞台がたまたま東京・武蔵村山市であっただけで、決してこの市だけの特異な事例ではないことを付記しておきたい。最後に、わたしの長い議員活動を終始支えてくれた坂内貢氏を中心とする友人たち、死刑廃止運動に積極的に関わりながらグループの事務局長を務めてくれた安島敏市氏、そして本書を世に出すに当たりご尽力頂いたインパクト出版会の深田卓氏など多くの友人の誠意と友情に感謝いたします。

一九九九年十一月

ふくおひろし

ふくおひろし（富久尾浩）

1929年、北海道に生まれる。北海道青年師範学校（現北海道教育大学）中退。

公務員、会社員等を経て東京・武蔵村山市（町）議会議員を通算七期務め、99年に引退。

1974年、「全国革新議員会議」結成の呼びかけ人代表。

1986年、議会活動の記録「たった一人の革命」で第二回ノンフィクション朝日ジャーナル大賞受賞
◆著書
『東京村デスマッチ議員奮戦記』（朝日新聞社、1987年）
『ザ・地方議会』（三一書房、1995年）
『地方議会議員生態白書』（インパクト出版会、1999年）
『デスマッチ議員の遺書』（インパクト出版会、2001年）
◆共著
『地方議会になぐりこめ！』（三一書房、1983年）
『これが米軍への「思いやり予算」だ！』（社会評論社、1997年）

増補新版・地方議会議員生態白書
2002年7月15日　第1刷発行
著　者　ふくおひろし
発行人　深　田　卓
装幀者　貝　原　浩
発　行　㈱インパクト出版会
東京都文京区本郷 2-5-11 服部ビル2F
Tel 03-3818-7576 Fax 03-3818-8676
E-mail：impact@jca.apc.org
URL：http://www.jca.apc.org/~impact/
郵便振替　00110-9-83148

印刷・製本　モリモト印刷

デスマッチ議員の遺書

ふくおひろし著　1700円+税

「ふくおひろしさんは、武蔵村山市だけでなく日本全体の地方自治にとっての［地の塩］すなわち、なくてはならぬ生命の素です」――杉浦明平。開かれた議会を目指す、ふくおひろし最後の闘い。

豊かな島に基地はいらない

沖縄・やんばるからあなたへ

浦島悦子著　1900円+税

米兵少女強姦事件から日本全土を揺るがす県民投票へ―いのちを、そして豊かな自然を守るため、沖縄の女たちは立ち上がった。反基地運動の渦中から、生活の中から、うち続く被害の実態と日本政府の欺瞞を鋭く告発しつつ、オバァたちのユーモア溢れる闘いぶりや、島での豊かな生活、沖縄の人々の揺れ動く感情をしなやかな文体で伝える。

有事法制とは何か

その史的検証と現段階

纐纈厚著　1900円+税

「不審船」撃沈が象徴する日本の戦争国家化、そして様々な法律を成立させて国民動員体制が進行している。この時代を撃つために、明治近代国家成立以降、整備されていった有事法制の流れを検証する。

監視社会とプライバシー

小倉利丸編　1500円+税

いつ、どこで、誰がなにをしているか。「情報」が世界中を駆けめぐる。ネットワーク、データベース、個人識別技術。ＩＴという名の監視システムがプライバシーを丸裸にする。執筆＝斎藤貴男、小倉利丸、白石孝、浜島望・村木一郎、粥川準二、佐藤文明、山下幸夫。